SV

Sonderdruck
edition suhrkamp

Das erste Mal war Peter Handke im März 1998 für einige Tage als Besucher des Internationalen Strafgerichtshofes in Den Haag, und vier Jahre später reiste er zum Prozeß gegen Slobodan Milošević erneut dorthin, gleich in den ersten Tagen nach der Eröffnung und fast ein halbes Jahr danach, als die Zahl der anwesenden Journalisten und Kamerateams deutlich geschrumpft war. Doch sieht Handke sich nicht als »Prozeßberichterstatter«; er setzt auf den genauen Augenschein, auf die Wirklichkeit hinter den Bildern, auf das Erzählen: von Prozeßzeugen, die zufällig im selben Hotel wohnen, von den muslimischen Albanern aus Račak etwa oder vom serbischen Forstarbeiter, der plötzlich den hundertmal begangenen Forstweg nicht wiedererkennt. Und er greift erinnernd zurück und erzählt von seinem Bruder, von seinem Jurastudium und den Besuchen in den Zellen der Angeklagten, von Chandlers und Hammetts Kriminalromanen und ihren grenzgängerischen Helden. Nicht ums Urteilen geht es Peter Handke, sondern um das »Wegfallen oder Wegdenken eines Vorurteils«, das das »tiefste Gefühl von Befreiung« schafft.

Peter Handke wurde 1942 in Griffen (Kärnten) geboren. Er lebt bei Paris.

Peter Handke

Rund um das Große Tribunal

Suhrkamp

Eine gekürzte Fassung dieses Textes wurde erstveröffentlicht in der Süddeutschen Zeitung, Magazin No. 40 vom 4. 10. 2002

edition suhrkamp
Sonderdruck
Erste Auflage 2003

Originalausgabe

Satz: Jung Crossmedia, Lahnau
Druck: Nomos Verlagsgesellschaft, Baden-Baden
Umschlag gestaltet nach einem Konzept von Willy Fleckhaus: Rolf Staudt
Printed in Germany
3-518-06703-6

1 2 3 4 5 6 – 08 07 06 05 04 03

Rund um das Große Tribunal

Dem Andenken an Boris Iljenko,
mit dem ich im Oktober 1995 zum ersten Mal
zum Manastir Studenica kam

»... denn einer mußte schuldig sein.«

Meša Selimović, Der Derwisch und der Tod

»Ganz Belgrad«, so ungefähr die Zeitung *Le Monde*, oder sonst ein zeitgenössisches führendes Weltblatt, habe gelacht, als die Ehefrau des Slobodan Milošević, seinerzeit noch Untersuchungshäftling im Gefängnis seiner Hauptstadt, nach einem ihrer ersten Besuche dort erklärte, »Slobodan« sei ihr »so schön« vorgekommen. Oder machte Frau Mira Marković diese Erklärung erst später, nach der Überstellung des ehemaligen serbischen, dann jugoslawischen Präsidenten aus seiner Belgrader Zelle in das Königliche Pönitentiar der Niederlande zu Den Haag-Scheveningen?: Nie sei ihr Mann ihr »schöner« erschienen als »in der Zelle«, fern seinem Serbien und/oder Jugoslawien. Und nicht nur ganz Belgrad sollte jedenfalls, so die Denkhilfe der Zeitung, solche Bemerkung zum Lachen finden. Vielleicht jedoch ist zu dieser Schönheitsfrage ein von vornherein weniger verdächtiger Zeuge als eine scheint's blind liebende Gattin aufzurufen – ein ganz und gar unverdächtiger Zeuge, der Schriftsteller Franz Kafka. Stammt denn nicht von ihm, von Franz Kafka, jener Satz, aus dem Roman »Der Prozeß«: »Alle Angeklagten sind schön«? – Unverdächtiger Zeuge? Wo steht eigentlich, daß Kafka, der Schriftsteller, ein unverdächtiger Zeuge ist? Gibt es einen verdächtigeren Zeugen als diesen, als einen Schriftsteller? Kommt ein Schriftsteller als Zeuge heutigentags überhaupt noch in Frage? Haben die Schriftsteller nicht in jeder Hinsicht ausgespielt – und zwar, in Anbetracht ihrer Aktionen und Reaktionen quer durch das vergangene Jahrhundert bis herauf zu jetzt, völlig zu Recht? In meiner Jugend, schon vor meinem Studium der Rechtswissenschaften, bin ich ein begeisterter Gerichts- und Gefängnisbesucher gewesen. Ich ließ auch keinen der Filme aus, die in Gerichtssälen oder Zuchthäusern spielten. (Ähnlich verhielt es sich mit den Western.) Aber war das nicht weniger Begeisterung als vielmehr Lust am Nervenkitzel, in der eigenen beziehungsweise mitteleuropäischen Langeweile? Wie auch immer: Ich wollte die jeweiligen Angeklagten sehen, im Leben gleich wie in den Filmen. Ich wollte das Gesicht des oder der Angeklagten sehen und betrachten, möglichst nah und möglichst in Großaufnahme. Und bezeichnend vielleicht, daß in den damaligen Filmen, vor drei, vier, fünf Jahrzehnten, die Angeklagten ebenso wie die verurteilten Häftlinge und Sträflinge noch in der Regel die Helden der Geschichte darstellen konnten. Angeklagte und Verurteilte traten seinerzeit als die Helden auf insbesondere deswegen, weil sie schuldlos angeklagt und unschuldig verurteilt waren. Es ging um ihre Unschuldsgeschichte, und jene früheren Filme erzählten vordringlich den Kampf um ihre Unschuld, und zu guter Letzt deren Offenbarwerden (oder auch nicht – umso stärker so, mag sein, der Gerechtigkeitsimpuls in uns Zuschauern?). Solche gleich von Anfang an im Kopf mitspielende Unschuldsvermutung war wirksam nicht nur bei Prozessen in Filmen, sondern auch im sogenannten Leben. Diese Art Unschulds-Vermutung (keineswegs Gewißheit!) konnte dann durch den

Prozeßverlauf kaum entkräftet werden. Sogar das umfassende und detailscharfe Geständnis meines Angeklagten – das »mein« da einmal zutreffend – hat mich an seiner tatsächlichen Schuld weiter zweifeln lassen. Und nicht etwa die Struktur der einst in der Jugend geläufigen Gerichts- und Zellenfilme war es, die meine Zweifel an so einem endgültig Schuldigsein bestimmte, sondern – das bildete, und bilde, ich mir jedenfalls ein – meine eigene Struktur; meine eigene Gegebenheit; meine eigene Be- oder Geschaffenheit. Und weiter bildete ich mir damals ein, meine Beschaffenheit sei nicht allein meine eigene; gehe über mich hinaus; sei eine allgemeine; sei die allgemeine: was ich mir inzwischen nicht mehr einbilde – schon lange nicht mehr. Solche Einbildung wird wohl eine Art Krankheit der Jugend gewesen sein. Und jene bis heute bestehende Struktur, in einem klar und lückenlos Schuldiggesprochenen, auch dem schon auf »sein« Giftspritzenbett geschnallten zum Tode Verurteilten den jedenfalls nicht so Schuldigen zu sehen? Eine Krankheit nicht etwa der Jugend, vielmehr eine von immer und altersher? Eine Krankheit von Grund auf? Ich frage mich das jetzt hier – ohne eine Antwort geben zu wollen, geschweige denn von jemand anderem zu erwarten – so spielerisch wie ernsthaft. Wie sonst den (anhaltenden) Aufruhr in mir erklären über das Landgericht in Kl., das vor fast vierzig Jahren, gleichsam also in der Nacht der Zeiten, meinen gerade strafmündigen Bruder für mehrere Wochen ins Jugendgefängnis steckte, weil der während des Palmsonntaggottesdienstes, nach einem überkommenen Brauch der Gegend, im Verein mit anderen Burschen von den Umschnürungen der zu weihenden Palmrutenbündel (in Wirklichkeit Weidenruten) jeweils die eine aufschnitt, die eine gerade Zahl ergab, was nach dem vielleicht heidnischen Ortsbrauch verpönt war – während die Anzeige dann in dem Durchschneiden der zwei, vier Schnürringe durch die Jugendlichenrotte den Tatbestand der Religionsstörung sah, ein mit Gefängnis zu bestrafendes Vergehen, und damit ja auch voll erfolgreich war?

Tatbestand erfüllt; Gesetz greift ein, mit vollem Recht; über die Gesetzesbrecher wird der Stab gebrochen (auch wenn die paar Wochen Haft für die Jugendlichen vielleicht bloß ein »Stäbchen« waren? nein, sie waren nichts Niedliches). Ich dagegen sah und sehe meinen Bruder und seine Tatgenossen nicht im Unrecht. Vielmehr dachte und denke ich, daß ihm und den anderen »kraft« des Gesetzes Unrecht zugefügt wurde; oder daß das Gesetz in dem Fall mißbraucht worden ist. Mag sein, er war nicht unschuldig. Aber in meinen Augen war er gewiß nicht schuldig im Sinn der Anklage und dann des Urteils. »Besser, es geschieht dir Unrecht, als die Welt sei ohne Gesetz« (Talmud, Koran, Konfuzius, oder sonst eine kollektive Weisheitssammlung). Welches Gesetz? Und was oder wer ist die Welt? Und welche Welt wird gemeint, wenn heute in unseren Zonen öffentlich »die Welt« ausgesprochen und verlautbart wird? (»Die Welt kann nicht dulden …«, »Die Welt darf nicht mit offenen Augen zuschauen ...«) – »Die Welt ist alles, was der Fall ist«: So umschrieb es einmal frei und schön Ludwig Wittgenstein im »Tractatus logico-philosophicus«. Und was ist inzwischen der Fall?

Und ähnlich, oder vergleichbar mit jenem Prozeß gegen meinen Bruder, dann auch die Gemeinsamkeiten an all den Gefängnis- und Zuchthaus- und Verwahranstalts-Besuchen während der Studienzeit und dann so weiter, bis jetzt. Der braungebrannte, stoppelhaarige Mörder mit den leuchtenden Augen, in dessen Zelle des Gefangenenhauses namens »Karlau« wir Hörer der Strafrechtsvorlesung eine Exkursion machten (»Ex-«? »In-«?); der ehemalige KZ-Lagerkommandant von Wilna/Vilnius, welcher mich später, als ich schon eine Art Namen als »Schriftsteller« hatte, zu sich in das Zuchthaus bei Limburg an der Lahn bat und mir, »von Landsmann zu Landsmann« (zwei Österreicher), erzählte, wie er damals in W. die Juden rettete, oder jedenfalls verschonte, wenn sie nur »Fachjuden«, d. h. Fachleute, Techniker etc., waren, und ob ich denn nichts für ihn tun könne?: auch er ein Lebenslänglicher, und auch er gebräunt, kurzgeschoren, und mit leuchtenden, eher glühenden, wie fiebrig glimmenden Augen; und als letzter hier in der Reihe – die in Anbetracht der verschiedenen Tatbestände natürlich gar keine ist – der bosnische Serbe aus Foča an der Drina, den ich vor einigen Jahren von mir aus besucht habe in der »Justizverwahranstalt« von München-Stadelheim, wo er eine Freiheitsstrafe (seltsames

Wort) von viereinhalb Jahren abzubüßen hatte, wegen Beihilfe zu – vierzehnfachem – Mord (darüber oder eher drumherum und andeutungsweise später noch mehr): auch er, Novislav Dj., mein nachmaliger Freund, wie sonngebräunt, mit dichtem kurzem Haar, die Augen leuchtend wie die der dicht auf dicht links und rechts neben ihm in dem Düster des skandalösen Besuchsverschlags hingepferchten Mitgefangenen, von denen ein jeder seine Nebenmänner und deren Besucher(innen) zu übertönen und zu überschreien hatte, und auf diese Weise sich erst recht nicht verständlich machen konnte und erst recht nichts verstand von seinem Gegenüber hinter den Trennscheiben, auch nicht im Aufstehen und Losbrüllen – so wie auch ich und meine Mitbesucher im nachhinein, nach der kurzen »Sprechzeit« benommen miteinander im Flur, nicht einmal wußten, ob die paar uns vernehmlich gewesenen Wörter überhaupt aus dem Mund je »unseres« Gefangenen stammten, und auch selber nichts von dem, was wir auf den Lippen oder auf dem Herzen gehabt hatten, losgeworden waren. Was mir jedenfalls blieb von dem Sträfling, und von den anderen Sträflingen, das waren wieder vordringlich die leuchtenden Augen, und daneben auch, wie bei dem Mörder in der Karlau und wie bei dem KZ-Mann, eine gewisse Eleganz des Aufzugs, welche auch, aber nicht allein – Novislav Dj., noch nicht rechtskräftig verurteilt, trug noch sein eigenes blühweißes Hemd – von der, wie sagt man, kargen Anstaltskleidung herrührte. Unvorstellbar, daß mir je die Robe eines Richters oder

Staatsanwalts auch nur annähernd so elegant erschienen wäre.

Altmodischer Betrachter, dessen Blick geradezu automatisch konzentriert ist auf die Beschuldigten, die Angeklagten, die Schuldiggesprochenen, und jetzt, im Falle des Slobodan Milošević, auf die Besonderheit eines Angeklagten, welcher, obwohl der Prozeß gegen ihn noch über anderthalb Jahre dauern soll, schon im voraus verurteilt ist. (Aber vielleicht irre ich mich?) Altmodisch: Denn im Mittelpunkt der heutigen Kriminalromane, -filme und vor allem der -serien im Fernsehen stehen kaum mehr Außenseiter wie einst die immer wieder auch jenseits der Legalität agierenden uramerikanischen Privatdetektive Sam Spade oder Philip Marlowe. Geschweige denn wird in den aktuellen Serien die Geschichte eines Verurteilten gewagt, worin die Suche nach dessen Unschuld die Sache ist – oder höchstens als Remake, wie bei »Richard Kimble«. Selbst die heutigen Privatdetektivgeschichten wirken, auch wenn sie angeblich Originale auftreten lassen, wie Remakes, abziehbildhaft. Dabei waren es gerade jene Grenzgänger in den Romanen des Dashiell Hammett und des Raymond Chandler, an denen sich, über die übliche crime story hinaus, erstmals eine Welt, die Welt, und nicht bloß die amerikanische, zeigte. In jenen Schnüfflern, kraft der Alltäglichkeit und unversehens Abenteuerlichkeit jener Randexistenzen wurde eine Epoche lang das Bezeichnende und das Zeichenhafte eben der Epoche kondensiert und illuminiert, und in jenen Erzählungen erlebte nicht bloß die Kriminalliteratur eine Blüte. Und wäre es deshalb nicht wünschenswert, und der Wahrheitsfindung bzw. Wirklichkeitserforschung dienlicher, träten auch in den heutigen Serien vergleichbare Schwellenleute als Protagonisten auf – es müssen ja keine »Helden« sein; nicht mehr die ausgedienten Privatdetektive (siehe Abziehbilder), und wohl auch nicht mehr die schuldlos von der Justiz Verfolgten, sondern, freilich wieder und wieder von den Rändern her, ganz neue und unerhörte Gestalten, Akteure, Erleider, an welchen sich die Problematik der jetzigen Epoche frisch bündeln könnte?

Das gerade Gegenteil jedoch ist seit geraumer Zeit – seit ein, zwei Jahrzehnten, wer kann es sagen? – vor allem an den TV-Serien zu beobachten. (Und so wie an der dortigen Filmdramaturgie auch an dem Öffentlichwerden von Verbrechen – Aufklärung – Bestrafung in der sogenannten Lebenswirklichkeit, die sich ja zunehmend sklavisch in dem inzwischen fast allgegenwärtigen und übermächtigen Serienschema übermittelt.) Die Protagonisten der zeitgemäßen Kriminalserien – nicht bloß Protagonisten, sondern darüber hinaus noch zünftige Helden – sind inzwischen ausnahmslos die durch und durch legitimen, im voraus legitimierten Leute, die darüber hinaus die Legalität verkörpern und aus deren Zentrum heraus agieren: die Kriminalpolizisten, in der Regel als kumpelhafte, menschliche und auch allzumenschliche Gruppe, in der ein jeder ein gerade in der Zwiespältigkeit warm-humanes Eigenleben, inbegriffen Liebesleben führt, oft mit einer Frau, einer untadeligen, nicht unerotischen, aber privat eher einsamen Kommissarin als dem Familienoberhaupt, einfühlsam wie nur eine Heilkundige und so ein heilloses Verbrechen ums andere wegoperierend. Und nicht nur die derartigen Polizeibrigaden sind die heutigen Helden der Verbrechensfolgen zur Hauptsendezeit: Mehr und mehr sind das die zentraleren und die zentralen Gestalten, Figuren, Verkörperungen der Justiz und der Staatsgewalt – zunehmend serienheldenwürdig erscheinen demnach die Richter, vor allem in der Variante des Untersuchungsrichters und – entsprechend der Polizeibrigade – seines tüchtigen und sich für die Gerechtigkeit aufopfernden Teams, und darüber hinaus sind zur Zeit sogar die öffentlichen Ankläger zu TV-Serienhelden aufgestiegen: der Staatsanwalt, oder die Staatsanwältin, und seine loyal um ihn (oder sie) gescharten, im Dienste der Allgemeinheit aufgehenden und das Übel an der Wurzel ausrottenden Büro-Angestellten. Richter und Staatsanwälte nicht bloß als Rechtsprecher und Unrechtsankläger, sondern als Spurensucher, Indiziensammler, Verbrechensaufklärer auf eigene Faust, als Detektive!: In diesen neuen Serien erscheint die Gewaltenteilung zwischen Exekutive und Rechtsprechung, zwischen Verbrechensausforschern (Polizei) und Justizinstanzen, eine der Grundlegungen der alten, oder veralteten? Demokratie, aufgehoben; die Rollen sind vermischt, und mischbar geworden.

Und präsentiert nicht die sogenannte Wirklichkeit sich wieder annähernd parallel, oder nachbildhaft, zu solch modernem Serien-Schema? Die Richter und Strafverfolger draußen in der Welt sind, als Weltrichter und Weltstaatsanwälte, unsere aktuellen Helden geworden? Wozu sie imstande sind, weil das Prinzip der Souveränität der Einzelstaaten de facto, ohne Übereinkunft durch ein Gesetz, nicht mehr gilt? Und damit auch das alte Völkerrecht nicht mehr? Auch es veraltet wie die Gewaltenteilung in der veralteten Demokratie? Kurzerhand, mit einem Gewaltstreich, »im Namen der Humanität«, aufgehoben? Gewaltstreich der »Welt« gegen die Staaten? Und ab da form- und beschlußlos auch die Norm? Siehe »die normative Kraft des Faktischen«? (Es wird im nachhinein schon diese und jene »Autorität«, die selbsternannte, auftreten, welche uns, der Welt, den Gewaltstreich rechtfertigt, siehe den Philosophen = Weisheitsliebhaber Jürgen H.)

In der zweiten Hälfte der neunziger Jahre, in der Anfangszeit des ICTY (= International Crime Tribunal for the Former Yugoslavia), erschien in der Wochenzeitschrift »The New Yorker« ein Artikel, welcher die Weltrichterschaft vom Churchillplein in Den Haag nicht bloß als eine Helden-, sondern auch als eine Künstlergemeinde schilderte. Der Journalist erzählte da von einem Treffen mit dem damaligen Starrichter. Jener Vorsitzende und Präsident verriet dem Journalisten dabei, »während eines Diners in einem italienischen Restaurant«, daß er, sooft ihm das seine Zeit erlaube, in der Mittagspause zwischen den Verhandlungen im Mauritshuis, dem Kunstmuseum von Den Haag, die Gemälde der alten niederländischen Meister betrachte, um sich von den in den Prozessen verhandelten Greueln zu erholen; sich eine Gegenwelt vor Augen zu halten; sich Kraft für sein Urteil zu holen. Und am längsten verweile er dazu vor den Bildern des Vermeer van Delft, vor der »Briefleserin« still in ihrer Kammer, vor dem hohen weiten friedlichen »Himmel über Delft«. Und diese Aussage des damals Vorsitzenden Richters benutzte der New Yorker Berichterstatter sozusagen als den Angelpunkt zu seinem Tribunalstext: In der gleichen Weise, wie der unsterbliche Maler Vermeer van Delft, einst im siebzehnten Jahrhundert – jede Örtlichkeit und jeder Mensch da bedroht vom Dreißigjährigen Krieg – mithilfe seiner Camera obscura den Frieden rund um die Briefleserin und oben in den hellen Wolken (es dräuten da aber noch ein paar düstere) eingefangen und dann auf der Leinwand nachgezeichnet und nachgebildet habe, so schüfen auch die Richter des Tribunals, indem sie Recht sprächen, urteilten und verurteilten, mit Hilfe ihrer Art von Camera obscura (gemeint die Abgeschlossenheit der Gerichtssäle) den Frieden, auf dem Balkan und darüber hinaus; Vermeer, der Bildschöpfer, und ICTY-Richter, die Urteilschöpfer – es komme auf das gleiche heraus; das Werk des Malers und das Werk der Richter, sie hätten auf Dauer das gleiche Ziel und die gleiche Wirkung. (Der nämliche Journalist des »New Yorker« hat in einem weiteren seiner Artikel zum »Former Jugoslavia« die Serben dort, welche 1991 und 1992 unversehens mitsamt all ihren Stammgegenden in einem Fremdstaat, in Staatlich Hrvatska und in Staatlich Bosna, aufwachten, nach einer Rundreise zu den Serbenfriedhöfen in der Krajina und in Ostbosnien, gefragt, warum sie denn um des Himmels willen, statt »den Krieg anzufangen«, nicht friedlichen Widerstand geleistet hätten, wie seinerzeit die Inder unter Gandhi gegen die Engländer?)

Etwa fünf Jahre sind vergangen, seit in jenem Artikel – einem unter unzähligen vergleichbaren – die internationalen Richter als Brüder und Bundesgenossen der großen Künstler auftraten; wie diese Schöpfer und Weitergeber des Friedens. Und inzwischen haben bekanntlich die nationalen und internationalen Strafverfolger, in den Filmserien gleich wie in der Wirklichkeit, zu dieser die Zeiten und Epochen verbindenden Friedensheldenriege aufgeschlossen. Anfang Juni 2002 prangte auf der Seite 6 der Süddeutschen Zeitung ein monumentales Farbphoto mit folgender Legende: »Die Chefanklägerin (warum nicht einmal »Hohe Anklägerin«, wie »Hohes Gericht« oder »Hoher Kommissar«, Anm. des Autors) des UN-Kriegsverbrechertribunals für Ex-Jugoslawien … und Jugendliche des Projekts ›Schüler helfen Leben‹ sind im historischen Rathaus von Münster mit dem Westfälischen Friedenspreis ausgezeichnet worden … Die Chefanklägerin sagte, die Auszeichnung sei ein ›großer Ansporn‹ … Die Täter müssen bestraft werden, das sind wir den Opfern schuldig ... Der Friedenspreis, der in diesem Jahr zum drittenmal von der Wirtschaftlichen Gesellschaft (sic) für Westfalen und Lippe vergeben wurde, erinnert an den Westfälischen Frieden, der 1648 das Ende des Dreißigjährigen Krieges besiegelte.« (Kreise, die sich schließen? Sich überschneiden?: Es sollen später noch andere solcher Kreise leicht nachgezeichnet werden.) Fehlen hier bloß noch die zeitgenössischen Journalisten als überzeitliche Friedenswerker, mit den Richtern und Chefanklägern die Dritten im Bunde? Zwar stellen sie sich längst untereinander, und nicht bloß versteckt oder andeutungsweise, so hin, und außerdem noch als Wahrheitssucher, einsame Kämpfer, verfolgte Unschuld. Aber die Filme, jedenfalls die zum Irak- und zum Jugoslawienkrieg mit ihnen als Helden – amerikanische, britische, französische – waren, bisher zumindest, weder Kritikererfolge noch Kassenknüller. Und so warten die internationalen Journalisten, anders als die Richter und die Staatsanwälte, weiter auf ihr Serienheldentum, das sie, in ihren eigenen Augen, in der Wirklichkeit doch beispielhaft verkörpern. Aber die Wirklichkeit, gibt's die denn noch?

Im Namen der Welt auftretende Strafverfolger und Strafahnder demnach, in ihrer zeitgemäßen Camera obscura, als die Protagonisten und darüber hinaus die Künstler einer neuen, unerhörten Epoche? In jedem Sinn eine »Novelle«? Parteien – auch die internationalen Richter, indem sie im Sold der »Weltgemeinschaft«

stehen und ihr Amt der Sache gemäß nie und nimmer gegen diese Gemeinschaft (Europäische Union, NATO, USA etc.), sondern ausschließlich gegen den inzwischen fast stimmlosen Rest vom Rest der Welt ausüben, sind ja Partei –: also Parteien, zudem großmächtige und mit vielerlei Zwangs- und Gewaltmitteln ausgestattete, als die neuerdings Preiswürdigen? Realität gewordene Verkehrte Welt? Eine Zeitlang konnte das einem vielleicht so erscheinen – als zum Beispiel ein allein zum Niedermachen, Zerstören und Vernichten begabter deutschsprachiger Kritiker den nach dem gewaltig-sanften Dichter Friedrich Hölderlin benannten Literatur-Preis zugeschanzt bekam; als der erwähnte, bis dahin zumindest stetig redliche Weisheitsfreund – ja zu den Bomben auf Jugoslawien, das eine Mal »wegen Notstands« ohne Gesetz, beim nächsten Bombenfall aber: »bitte mit Gesetz!« – im selben Jahr der Friedens(sic)-Preisträger des Deutschen Buchhandels wurde; als der Welt größter Börsenspekulant, der so viel und so variabel einsetzen kann, daß er jedesmal notwendig Gewinne macht, auch heute noch, während den meisten anderen Einsetzern, zu Einsatz und Mitspiel oft nur gezwungen, angesichts des todsicheren Gewinnspiels dieses und ähnlicher Geldmächtigen bloß das bitter-traurige Nachsehen bleiben muß, daß ein solcher Spekulant also, der das scheußlichste unter den so vielen scheußlichen Geschäften des Kapitalismus betreibt, und dazu noch, anders die vergleichbar scheußliche Drogengeldwäscherei, vollkommen straflos (inzwischen bereut er und predigt Umkehr): daß ein derartiger moderner Held für seine Rolle als Mäzen, Humanist und Wiederhersteller der Demokratie in den ehemals sozialistischen Ländern in eben so einem Land mit dem Großen Osteuropäischen Preis für Freiheit und Wirtschaftlichkeit (oder wie immer der Preis heißt) bedacht wurde; als jene Journalistin, die damals in »Le Monde« das Verbot des Films »Underground« von Emir Kusturica nahelegte, weil er, vom serbischen TV mitproduziert, gegen das YU-Embargo verstoße, die Sprecherin der Haager Anklagebehörde wurde (s. »sich schließende Kreise«) und als, zu guter Letzt, einer Ärzte-Organisation, welche sonst in der Welt in der Tat grenzenlos Gutes und Nützliches geleistet hat, in der serbisch/jugoslawischen Provinz Kosovo aber ganz andere Grenzen überschritt, indem sie einige Monate vor der Bekriegung nicht bloß dieser Provinz wiederholt verlautbarte, verstärkt dann von noch und noch westeuropäischen Schlagzeilen, es herrsche »Terror mitten in Europa, schon 60 000 Opfer des Serbenführers Milošević im Kosovo!«, und so, eindeutig Partei, die Bombenschneisen vorspuren half: als solcher Ärzte-Gruppe, in dem Fall nun zweifach »ohne Grenzen«, gegen den Hippokratischen Eid, unparteiisch, ohne Ansehen der Person, zu helfen, verstoßen habend, in demselben Jahr – oder war es im nächsten? – in Oslo der Friedensnobelpreis zugesprochen wurde (eines der Gruppenhäupter gab nach der Befriedung gleich den »Hochkommissar« im befreiten Priština, wo die ersten zerstörten Denkmäler nicht etwa die der altjugoslawischen Kommunisten, etwa Titos oder Kardeljs, waren, sondern die Standbilder zweier großer südslawischer Dichter aus dem neunzehnten Jahrhundert: das des Montenegriners Njegoš – zugleich damals Fürst und Bischof –, und jenes des Vuk Karadzić, des Sammlers der »Serbischen Lieder«, zu deren deutscher Ausgabe Goethe, dessen Freund sich Vuk Karadzić nennen konnte, eine ausführliche, dem eventuellen Leser samt den Liedern ans Herz gelegte Einführung verfaßte – Vuk Karadzić, von dem die paar den Bildersturz von Prishtinë kurz erwähnenden Westkorrespondenten nichts als den Namen hinsetzten.) Verkehrte Welt in dieser Reihenfolge? Nein, eher schon seit Geraumem die Alltäglichkeit, das Normale, die Alltäglichkeit der Epoche, die Geschichte. War es denn nicht die im voraus erklärte Absicht der späteren Trägerin des Westfälischen Friedenspreises, mit dem Prozeß gegen Milošević »Geschichte zu machen«? Epoche zu machen?

Das Königliche Gefängnis von Scheveningen liegt am Pompstationsweg. Dieser führt danach gleich in die Dünen hinein, zum Wasserwerk dort, eben der »Pompstation«. Vor mehr als vier Jahren, im März 1998, war ich schon für ein paar Tage Besucher im Strafgericht für Verbrechen in Jugoslawien. Damals habe ich auch eine Nacht in einem Hotel an den Dünen nah der Nordsee verbracht (freilich ohne Meeresblick). Ein Trakt der Pönitenzanstalt war schon zu jener Zeit den Häftlingen aus Kroatien und vor allem aus Bosnien reserviert; die »serbischen« Serben – in erster Linie Slobodan Milošević – kamen erst zu gegebener Zeit an die Reihe: gegen den jugoslawischen, vormals serbischen Präsidenten wurde erst im Mai 1999, auf dem Höhepunkt der »Luftaktionen« der »Welt« gegen Jugoslawien, vom Prosecution Office des Haager Tribunals Anklage wegen Kriegsverbrechen, Vertreibung, Genozid und Verbrechen an der Menschlichkeit erhoben. Von dem Hotelfenster aus sehe ich weder die See noch das Zuchthaus. Die erste wurde verdeckt von horizontversperrenden Urlauberkomplexen, das zweite lag versteckt in einem Villenviertel von Scheveningen, landeinwärts. Beides war jedoch in dem Zimmer ziemlich leibhaftig zu spüren, nicht nur der Dünen und des sporadischen Stacheldrahts wegen.

Im Februar des laufenden Jahres 2002 suchte ich dann zum ersten Mal sowohl das Gefängnis als auch die zu Fuß leicht zu erreichende Nordsee hinter der Pompstation auf. Das war an dem Morgen nach einem der ersten Prozeßtage gegen den vom eigenen Staat an das internationale Gericht ausgelieferten ehemaligen Präsidenten (den »Diktator«, oder »Quasi-Diktator«, oder »Schlächter vom Balkan«, »der vier, oder sechs? Kriege angezettelt hat«, den »Sohn selbstmörderischer Eltern und Neffen eines selbstmörderischen Onkels, Urneffen einer selbstmörderischen Urgroßtante«). Es herrschte noch Frost. Reif säumte die allseits ins Landesinnere gewehten Sanddünenzungen. Strahlblauer Himmel. Sich Wiederholendes von meinem Anfangsbesuch in der Gerichtsstadt: die gelben, weißen, orangen, blauen Krokus-Teppiche beiderseits der Straßen von s'Gravenhage, die Kelchblüten so dicht auf dicht, daß die frischen Grasspitzen da kaum durchkamen; und die Radfahrerkolonnen, die den Fußgänger vom Erdweg am Pompstationsweg (wie auch sonstwo) wegklingelten – die Gehwege verliefen jeweils weitab von der Straße, zwischen urwaldhaftem Gestrüpp. Auch aus der Nähe, auch als man unmittelbar davorstand, wirkte das Gefängnis wie versteckt. Die Mauer, die es umgab, bestand aus ähnlichen kleinen, fast zierlichen Ziegeln wie die Wohnhäuserzeile davor, durch welche sie, Villa für Villa, dem Blick entzogen wurde. Dem Blick entzogen? Das traf freilich keineswegs zu. Denn wie bei den holländischen Behausungen üblich, so hatten die Fenster auch hier keine Vorhänge, und man konnte durchs Vorderfenster zugleich in das ganze Wohnzimmer und wieder durchs hintere Fenster hinaus in das Freie schauen – nur daß in diesem Fall dort, Haus nach Haus, die Zuchthausziegelmauer weiterging. Die Zellengebäude überragten sie nicht viel, und die engvergitterten Fenster oben trugen alle eine, ich glaube, stahlblaue Sichtblende. Das ganze, doch riesenhafte Gelände erschien beinahe dem Strandvillenbezirk angepaßt, oder war darin, obwohl es dessen Zentrum bildete, zumindest recht unauffällig, auch durch die geradezu heimelige Stille, die von den braunrötlichen Ziegelmauern ausstrahlte. Das einzige – neben den Sichtblenden –, das von dem Wesen der Anlage zeugte, war vielleicht das massive Einfahrtsportal, gleich am Radfahrerweg, nicht aus Ziegeln, sondern aus Granitblöcken – gibt es in den Niederlanden Granit? aus den einstigen Kolonien? –, als Oberschwelle, hinter der Nationalfahne, ein beträchtlicher Steinlöwe mit Schwert und Pfeilbündel (das ich zuerst für ein Ährenbüschel hielt), anbei das Justiz-Waagezeichen, die Schalen im Ungleichgewicht. Vor dem Portal freilich, im Gras mit Krokusausläufern, ein Kinderspielplatz, samt Rutschen, Schaukeln und dem neubeliebten Trampolin. Und eins nach dem andern die so ein- wie durchsichtigen, scheint's so wohnlichen Holländerhäuser, wie sie das gesamte Sperrbezirkgeviert säumen: die Lederlehnstühle, die Blumenvasen, die Fernseher, die Bücherwände, die Plüschtiere – alle die von der Wintermorgensonne durchschienenen, meist menschenleeren, aber so einladenden Wohnzimmer, Küchen, Salons, und eines dieser kleinen Seebadchalets dann tatsächlich leer, ausgeräumt, der Ausblick vom Pompstationsweg auf die immergleich sich fortziehende Ziegelmauer dahinter derart noch ungehinderter, ein Schild an diesem Haus: »Te huur« (oder »Te koop«?), zu vermieten oder zu verkaufen, und dazu die zugegeben verstiegene Vorstellung, das hier sei doch vielleicht etwas für die bewußte liebende und allseits belächelte Gattin des jenseits der Mauer einsitzenden angeklagten Kriegsverbrechers; so eingemietet, könnte sie ihrem »Schönen« märchenhaft nahe sein ... Ein Besucher des Gefängnisses, befragt, wie es dort drinnen aussehe: »Viele Türen.«

Und später, nach einem Fußweg auf und ab durch die Dünen hin zum Nordseeufer, ein möglicherweise noch perverserer Gedanke, unwillkürlich. Während linker- und rechterhand die sich häufenden Joggertruppen – auch die einzelnen oft als Truppe – sich die Seelen aus dem Leib keuchten (»wie Strafverfolger, um auf der Höhe zu bleiben und sich in Schwung zu bringen« – so hob das perverse Denken in etwa an –, »oder wie die angeblichen Unterhändler im Park des Schlosses von Rambouillet«); während dann am Dünenstrand ein gerade aus dem Reisebus gestiegener Japaner mir nichts, dir nichts in den Sand pinkelte (während die Sandskulpturenschule (oder was auch) unter Musikkrach, der auch die deftigste Nordseewelle übertönte, auf die ersten kleinen und großen Sandbauschüler wartete; während in den Promenadencafés, jetzt mitten am Vormittag noch fast ohne Gäste, auf sämtlichen Tischen in den Gaslampen schon für den Abend die ewigen holländischen Kerzenlichter brannten, blakten, qualmten, den Sauerstoff fraßen), kam mir der zugegeben leicht-oder-schwer-perverse Gedanke, im Vergleich zu solcher Ortlosigkeit sei, unter Umständen, eine gewisse Art von Gefängniszelle würdig, zum »Ort« erhoben zu werden – und das wohl in Erinnerung an ein vergleichbares Wunschgedankenspiel des Schriftstellers William Faulkner, der einmal von sich gab, der beste Arbeitsplatz für einen Autor sei ein Zimmer in einem Bordell, da sei in der Nacht was los, und dafür habe man taglang Ruhe zum Schreiben.

Bei jenem ersten Tribunalbesuch im März 1998 bin ich eher zufällig in das Hotel von Scheveningen geraten. Ich wollte nach dem langen Verhandlungstag in Meeresnähe sein und trat von der Straße da ein, um nach einem Zimmer zu fragen. Am Eingang war eine Art Bar, die zugleich als Rezeption diente. Im Lift, in den Fluren, undsoweiter, roch es klamm und muffig, wie eben in gewissen Herbergen an vielbesuchten Meeren. Hier wähnte ich mich abseits von allen Aktualitäten. Zu meinem Erstaunen aber tauchte am folgenden Morgen in dem kärglichen Frühstücksraum ein Mann auf, in dem ich einen der Zeugen vom Prozeß des Vortags erkannte. Er hatte denselben braunen, sichtlich neugekauften Anzug an und einen gleichfarbigen kleinen Hut auf dem Kopf. In dem Prozeß war er als Zeuge gegen eine Gruppe bosniakischer (= muslimischer) Lagerkapos und -wächter aufgetreten. Das Lager befand sich 1992, zu Beginn des Krieges in Bosnien, in der Gegend von Foča, nah an der »Grenze« zu Montenegro (inzwischen eine reale Grenze). Es handelte sich um das Čelebići-Camp. So wie etwa im nachmalig berühmten Trnopolje oder in den berüchtigten Lagern Keraterm und Omarska Muslime und Kroaten interniert waren, so in Čelebići Serben. Und die Zeugenaussagen der Opfer glichen einander aufs Haar, auf die Haut und auf die Rippen- und andere Knochen. Bloß kam von den Gewalttaten und Folterungen in Čelebići fast nichts »herüber«. Čelebići war nur in aller Medien Munde, als es vor ein paar Monaten darum ging, den dort angeblich versteckten Radovan Karadzić zu »fangen«. Jener Lagerinsasse und serbische Zeuge war ein krummer, älterer Mann. Er bezeichnete sich vor dem Tribunal als »šumar«, was der englische Simultandolmetsch mit »forester«, und die französische Gerichtsdolmetscherin, ebenso richtig, mit »forestier«, Förster, übersetzte. Mir freilich kam der gichtig verbogene, auch stark hinkende Mann – einer der angeklagten muslimischen Aufseher habe ihm Benzin übers Bein geschüttet und ein Streichholz drangehalten – eher wie ein altgedienter Forstarbeiter vor. Ich lasse hier jedoch die an ihm verübten monotonen Quälereien (im Tribunalprotokoll nachzulesen) aus und konzentriere mich auf eine kleine Episode in seiner Erzählung oder Aussage von der mehrmonatigen Lagerzeit, eher vom Transportiert- und Geschubstwerden quer durch die südostbosnischen Bergwälder hin zum Internierungscamp (sämtliche dortigen Volksgruppen haben das, mit dem Ausbruch des Krieges im April 92, durcherlebt). Tage um Tage sei die aus allen Himmelsrichtungen zusammengefangene Zivilbevölkerung so, bewaffnet-bewacht, unterwegs gewesen. Und von einem gewissen Moment an, so der Bericht des šumar, habe er, der doch die ganze Gegend von klein auf kannte, auch in seiner Eigenschaft als Waldmann, nicht mehr gewußt, wo er war. Den hundertmal begangenen Forstweg, den seit jeher überquerten Gebirgsbach, den altvertrauten Felskopf in der Wegkurve: auf seinem Zwangsmarsch hatten sie sich zur völligen Unkenntlichkeit verändert, »und da wollte ich nur noch sterben«. Den Raumverlust erlitt er ungleich schmerzhafter als jede (sonstige) Entbehrung? Gebannt beäugte ich nun im Frühstücksraum diesen Kriegszeugen, welcher am Vormittag gleich weiter aussagen sollte. Er saß zuerst allein, den Hut schief auf dem Kopf, bewegungslos. Dann erschien eine Frau in mittleren Jahren: auch sie eine Zeugin aus dem Čelebići-Lager, auch sie hatte ausgesagt am Vortag, in der Sache der Vergewaltigung (einer Serbin) durch einen muslimischen Bewacher. Mit ihr kam eine örtliche, serbokroatisch – wie man damals noch sagte – sprechende Gerichtsbeauftragte, die, so verstand ich es, die beiden »psychologisch betreute«. Den beiden Frauen sozusagen zu Diensten, stand der šumar auf, um ihnen dies und das vom Frühstücksbüfett zu holen, das sich um ein, zwei Raumecken in einer Art Flur befand. Er tat das dann des öfteren. Und ein jedesmal ereignete sich das gleiche. Jedesmal verirrte sich der ehemalige Forstarbeiter und jetzige Zeuge auf dem Weg zu dem Frühstücksbüfett. (Sicher war ihm dieses auch ungewohnt.) Ein jedesmal ging er an dem Tisch vorbei, und nicht nur ein wenig, sondern weit, weit; geriet jedesmal tief hinein in den Korridor, bis er nicht weiterwußte, eine Zeitlang stillstand, einen Schritt links, dann rechts unternahm, und endlich umkehrte und fündig wurde, jeweils wie ein Schlafwandler. Immer noch wußte er nicht, wo er war? Taglang hätte ich diesem Zeugen zuschauen mögen. Aber der Prozeß gegen die Lagerherren – es waren vier – sollte ja gleich fortgesetzt werden, und so machte ich mich auf zum Internationalen Gericht. Dort freilich war für den Tag eine andere Verhandlung eingeschoben worden: gegen einen (sehr jungen) kroatischen General, angeklagt vor allem der »Verbrechen gegen die Menschlichkeit«, in seinem Fall begangen an Muslimen. Der Vorsitzende Richter in den beiden Prozessen, der den Zeugen-šumar am Vortag hatte stehen lassen – viereinhalb Jahre später sitzen sämtliche Zeugen und trinken Wasser um Wasser –, ein Franzose – inzwischen oberster Präsident des Tribunals –, gleich zu Verhandlungsbeginn den Angeklagten folgend begrüßend: »Vous allez bien, Général?« Gleichwohl ist dieser inzwischen zu fünfundvierzig Jahren Gefängnis verurteilt, eine der bisher höchsten Strafen des Tribunals; nur Radislav Krstić, Vizekommandant des Drina-Korps (Srebrenica), erhielt, wegen Genozids, noch um 1 Jahr mehr. Von den vier Angeklagten des Čelebići-Prozesses wurden drei im November jenes Jahres 1998 schuldig gesprochen. Alle drei waren sie Lagerverantwortliche. Der vierte ging frei: er war der muslimische Militärobere der Čelebići-Gegend, und es konnte ihm nicht nachgewiesen werden, daß er von den Mißhandlungen und Morden im Camp gewußt, geschweige denn, diese geplant und organisiert hatte. Die höchsten Strafen bekamen die unmittelbaren Täter, der Wärter (der Benzingießer) und sein nächster Vorgesetzter, der Unterkommandant; der Lagerkommandant selber, der Morde »nicht schuldig«, allein der Verstöße gegen das Kriegsrecht, wurde bei weitem am mildesten bestraft; Alija Izetbegović, der damalige Präsident Bosniens und Oberbefehlshaber der Armee, wurde vom Gericht, als ein Posten in einer Befehls- oder Planungskette, erst gar nicht in Betracht gezogen. (Daß das bei den spezifischen Balkanverhältnissen, anders als bei etwa deutschen usw., beinahe – beinahe – einleuchtet, darüber, zum Prozeß gegen Slobodan Milošević, andeutungsweise am Schluß hier. Kleine Fische? Waren und sind auf dem Balkan nicht in der Regel die kleinen Fische, die Regional- und Dorfkapos und deren Handlanger, die großen? »Befehlskette«, wo?) Die »Welt« – jedenfalls der Teil davon, der diesen Namen für sich in Anspruch nimmt – hat den Čelebići-Prozeß und insbesondere dessen Urteile kaum zur Kenntnis genommen. In meinem Gedächtnis besonders die Überschrift über einem winzigen Artikel in der »Neuen Zürcher Zeitung«, ungefähr so: »Moslem-Kommandant in Den Haag freigesprochen« (erst aus der Agenturmeldung darunter konnte man sich eventuell die drei Verurteilungen zusammenkombinieren); und eine Zeitlang danach im »Spiegel«, in einem Artikel gegen die bosnisch-serbischen Oberkommandierenden Karadzić und Ratko Mladić ein großes und breites Farbphoto von Angeklagten in Den Haag, Namenlose, die man sich natürlich als Serben vorzustellen hatte: es zeigte die Schergen des Čelebići-Camps; es zeigte Muslime. Nie ist vom »Spiegel« meines Wissens dieser Fehler oder dieses »Versehen« berichtigt worden – so wie auch später, behufs des Welt-Krieges gegen Jugoslawien, jene Legende unter einem anderen Photo dort – »Milošević und Anhänger« – nie korrigiert wurde: das Photo stellte M. mit einer bunten

Schar von Leuten, Popen, Schauspielerinnen, Ingenieuren, Industriellen etc., im Garten der damaligen Präsidentenresidenz von Belgrad-Dedinje dar, und das waren keineswegs »Anhänger« (vielleicht einige unter ihnen doch, und mehr noch – ich weiß es – Skeptiker oder Oppositionelle), sondern in Wahrheit allesamt »Serben aus der Diaspora« aus Deutschland, Österreich, USA, Schweden, Kanada, Brasilien, welche von der damaligen jugoslawischen Regierung zu einem Zusammentreffen und Miteinanderreden in die Hauptstadt geladen worden waren.

Und jetzt, im Juni 2002, nach weiteren zwei Besuchen in Den Haag, beim Prozeß gegen Slobodan Milošević, zuerst wegen »Kriegsverbrechen« und »Verbrechen gegen die Menschlichkeit« usf. im Kosovo, in der Folge, ab Herbst 2002, wegen der gleichen Kriegsverbrechen in Bosnien und Kroatien plus »Genozid« in Bosnien: Was ist an dem Gericht, außer der sich stetig verlängernden Richter-Porträtgalerie im Stiegenhaus, dazugekommen? Wieder: im Spätwinter die Krokusschneisen an den im Haag allgegenwärtigen Straßenbahnschienen. Wieder: die Unwirtlichkeit rund um das Gerichtsgebäude, das abweisende Kongreß-Zentrum, die Allerweltshotels im – typisch holländischen? – Niemandsland, die Bürohausruine, und als einzige Gaststätte weit und breit die Imbißbaracke, zu der vom Churchillplein ein gar nicht selbstverständlicher Fußweg führt, an der Eisenhowerlaan, beide im »Staten Kwartier«. Einzig Neues: ganz nah am Tribunal die Botschaft von Bosnien-Herzegowina. Und wieder das Gerichtsgebäude mit den hellen, glasierten, blendenden Klinkerziegeln, an der öffentlichen Eingangsseite geradezu bescheiden wirkend, mit einem krokuslosen Rasen samt der üblichen, vorstellbaren (oder unvorstellbaren) Skulptur davor, an den drei übrigen Seiten aber mächtig in die Breite und Länge wachsend und rückwärts sich in einem großen Bogen zuspitzend, so daß, wenn man sich dem ICTY von hinten nähert, der Eindruck vom Kiel eines Ozeandampfers entsteht.

Und als man dann endlich drinnen sein durfte in der Camera obscura – beim ersten Mal in diesem Jahr, zu Beginn des Prozesses gegen S. M. nur »akkreditiert« und auch nur zugelassen für 1 Tag (das mich akkreditierende Blatt war wohl nicht Welt genug) – wieder: die Reliefs im Aufgang zu den »Court-rooms«, übriggeblieben aus der Zeit, da das Tribunal noch etwas wie die lokale Wirtschafts- und/oder Handelskammer gewesen war, Embleme, vorstellbare oder auch nicht, von Planenden, Unternehmenden, Organisierenden, Eingreifenden; neu aber die Steinreliefs flankierenden Richtermammutporträts und auch nicht neu; denn sie hatten allesamt eher etwas, und nicht nur durch das Strahlen, das von den Großaufnahmen ausging, von Aufsichtsratskonterfeis, chairmen of the board. Und wieder der tageslichtlose Gerichtssaal Nr 1 im ersten Stock, bildgenau wie vor vier Jahren. Aber hat es auch damals schon, links und rechts hoch oben im durch

Panzerglas vom Verhandlungssaal getrennten Zuschauer- und Journalistenteil, die Übertragungsbildschirme gegeben? Jedenfalls wußte ich dann beim Prozeßbeobachten oft nicht, wohin schauen: auf die Vorgänge hinter der Scheibe, sozusagen in Totale, oder auf einen der »Fernseher« über mir, wo in der Regel jeweils nur eine Einzelperson erschien, der Zeuge, der Strafverfolger, einer der drei Richter, ein »amicus curiae« (Gerichtsfreund) und, vor allem, der Angeklagte, immer viel näher zu sehen als in Natur, halbgroß, und zudem, dem Ort der Übertragungskamera entsprechend, in einem völlig anderen Winkel, eher von vorn, statt im Profil (einerseits Staatsanwalt, andererseits dort der Angeklagte) oder als Rückenansicht (der Zeuge)? Und wer wohl bestimmte den Kamerablickwinkel? Und wer wohl, vor allem, bestimmte, wer von den Akteuren im Gerichtssaal jetzt groß ins Bild gerückt werden sollte, und wie lange er jeweils so zu sehen wäre? Warum wurde immer wieder der Angeklagte derart gezeigt, auch wenn er nicht sprach, sondern bloß zuhörte und stumm reagierte, oder auch nicht reagierte? Die Einstellungen auf dem Bildschirm, die »Schnitte«, deren Rhythmus insbesondere suggerierten mir dermaßen einen Spielfilm, daß sie einen Sog erzeugten weg vom direkten und unmittelbaren Zuschauen. Beinahe war es, als müßte ich mich zu diesem ermahnen – was ich in der Folge auch tat. Auf die Übertragungsserie achtete ich dann nur noch, um mir die Unterschiede zwischen den beiden Blickweisen vor Augen zu halten. Zu Verhandlungsbeginn versuchte ich zwischendurch auch noch meine Mitbesucher, dichtgedrängt, kaum ein Platz frei, zu betrachten, wie sie, allesamt die Kopfhörer auf, mitschrieben, notierten, in Grüppchen auch lachten; so wie ich einmal in dem berühmten Tempelgarten Ryoan-ji von Kyoto – nichts als Sand und ein paar kleine Felsblöcke – von der Leere weggeschaut und die lückenlos an deren Rändern hockenden und mit ihren Kameras wild darauf losklickenden einheimischen Touristen betrachtet hatte; ließ das dann aber anders als seinerzeit bei den zum Garten gepilgerten Japanern bald bleiben.

Ungewohnt auch jetzt bei dem Tribunalbesuch im Juni 2002 die leere Stuhl- und Pultreihe vor dem erhöht sitzenden Angeklagten: das war sonst der Platz der Strafverteidiger – von denen Slobodan Milošević aber keinen einzigen bestellt hatte, er wollte sich ja selber verteidigen. Lange vor dem nicht unfeierlichen Einzug der Richter saß er, inmitten seiner zwei Bewacher, da, und als ich ihn dann bei meinem vorigen Besuch fast genau wieder so sah, fast allein, in dem sich sehr gemächlich mit dem Gerichtspersonal füllenden kleinen Saal, kam mir vor, er sitze seit jeher so da, habe sich alle die Monate nicht von der Stelle bewegt, im immergleichen Anzug mit der immergleichen Krawatte in den blauweißroten Jugoslawienfarben: vage Erinnerung an die Legende des einen und anderen verschwundenen Mächtigen wartend im Kyffhäuser oder Untersberg seit den Jahrhunderten – nur daß dieser einst Mächtige da wohl nie wieder aus dem Berginnern hervorkäme. (Zu seinem sonstigen Aussehen kein Wort; die zeitgenössische Journalisten-Weltliteratur hat ja schon – »trotziger Mops«, »bulliger Apparatschik« – das Ihre geleistet: Höchstens eines: das ständige Gähnen des Angeklagten, nicht in Mißachtung des Tribunals, sondern spürbar rührend von der besonderen Luftlosigkeit im Gerichtssaal, der nun schon seit Monaten andauernden; Zeichen einer Fast-Erschöpfung.) Und ungewohnt dann während des Prozeßtags auch das ständige Getöse, die lauten Stimmen, die schlagenden Türen in dem zum Treppenhaus offenen Zuschauerraum, was einen manchmal, selbst wenn es einem widerstrebte, zwang, zum Verstehen die Hörer aufzusetzen (doch selbst diese durchdrang der Krach, und beim dritten Mal, jetzt im Juni, mußte die Verhandlung einmal unterbrochen werden, weil im Nebenraum jemand mit einem Drillbohrer zu Werke ging.) Bemerkenswert vielleicht auch, daß man jeweils nach einer Zeit der frz. oder engl. Dolmetscherstimmen im Hörer eine Art Bedürfnis spürte, umzuschalten auf das original Serbokroatisch des Angeklagten: Unterschied noch unendlich größer als in Filmen zwischen Originalsprache und Synchron.

Jener eine Tag, kurz nach dem Prozeßbeginn, war ein monotoner. (Zu dem Wort »monoton« siehe oben die Zeugenaussagen zum Lager Čelebići.) Denn Slobodan Milošević zählte taglang fast nur die Opfer der sogenannten Kollateralschäden im NATO-Krieg gegen Jugoslawien auf, nannte die Namen der Toten, ihre

Geburtsdaten, ihren Beruf (außer bei den Kindern), ihre Wohn- und Sterbeorte, zeigte die Photos der Leichen, der serbischen, albanischen etc.: »Da, die Toten brennen noch«; »da, Aleksinac, zum zweiten Mal bombardiert, eineinhalb Monate später, es war schon Frühling, es war schon grün, aber es gibt keine Häuser mehr, das ist der 28. Mai 1999 in Aleksinac«; »das Mädchen da ist nur verwundet« (ta devojka je samo ranjena), »die lebenden und die toten Serben – auf diesem Photo sind nur die toten Serben«; »ich werde Ihnen keine Bilder von zerstörten Brücken mehr zeigen«, »das haben keine Granaten gemacht, das waren Splitterbomben«, »das sind die Überbleibsel von Golo Ratković, und von Dragan Simović, geboren 1953« ... Und erst gegen Ende des Tages ein sporadisches Ausscheren aus der Opferaufzählungsmonotonie ins Allgemeinere (oder in Verallgemeinerungen?): »Das Bombardement da war das schlimmste Verbrechen in Novi Pazar, seit Novi Pazar zu Jugoslawien gehört«; »in Jugoslawien war den Amerikanern das nationale Interesse Amerikas wichtiger als das nationale Interesse Jugoslawiens«; »es gab keine Verhandlungen in Rambouillet: Albaner und Serben trafen sich dort nie von Angesicht zu Angesicht«; »Clinton, mit seinem Genozid gegen die Serben, unterstützt vom müden und schläfrigen Europa, hat das dritte Jahrtausend verdorben«; »die Jugoslawische Volksarmee hat nie mit paramilitärischen Formationen kollaboriert, es gibt formelle Order dazu gemäß der Genfer Konvention, alle Dokumente sind da, lest sie, shame on you«; »die

Idee eines Großserbien hat nie existiert, im Gegensatz zu der eines Groß-Albanien, es war Teil der österreichisch-ungarischen Propaganda, schon seit 1816, im Wiener Kongreß, mit dem Selbstständigwerden Serbiens nach über 400 Jahren Türkenherrschaft – das Gespenst von einem Großserbien: der Wind wird es wegblasen!« Fortsetzung also der Monotonie, und an deren Ausklingen am Ende des Tages der Krug Wasser vor dem Angeklagten, dem dieser seit dem Morgen kaum zugesprochen hat, wie auf dem hier beigefügten Beweis-Dokument zu sehen ist.

Beim dritten Tribunalbesuch Anfang Juni 2002 waren die Krokusschneisen längst aus Den Haag verschwunden. (Wann geht es endlich mitten hinein in die Tatsachen? – Ach, da wäre eine lange lange Litanei aufzuzählen, und am Ende käme doch nur eine Aufrechnung heraus; was die Sache anderer ist.) Dafür zwischen den Straßenbahnschienen sehr hohes Sommergras und ebensolche Sommerblumen, gelbe, die ich von den mitteleuropäischen Juniwiesen, vor dem ersten Mähen, kannte: die Stengel unterhalb des Kelchs weich und süß, eßbar. Und immer noch die Bürohausruine neben dem Tribunal, Rattengift gestreut. Das Einlaß- wie auch das Gerichtssaalpersonal inzwischen weniger angespannt. Herzhaftes Lachen des Paßkontrolleurs namens Muhammed Ali über das Wort »Österreich«: er wiederholte es noch und noch, so fremd und komisch kam es ihm vor. Die Tribunalsangestellten und -beauftragten drinnen ein dem Anschein nach gut eingespieltes Team: jeder bei seinen Vorbereitungsaktionen für den Prozeßtag – Wasserkrughinstellen, Mikrofonregeln, Protokollgerät anschalten – mit einem Begrüßungslächeln für den andren. Einen der Strafverfolger, mir vertraut aus einem zweiten simultan stattfindenden Kriegsverbrecherprozeß, hatte ich draußen vorbeiradeln und dann bei dem ihm reservierten Eingang, der einer Bühnen- oder Lehrertür ähnelte, seiner zugleich eintreffenden Kollegin beschwingt den Vortritt lassen sehen. Fast bekam man so eine Lust auf die Veranstaltung. Auf, los geht's! Nur der Sprecher der Menschenrechtsbeobachter, der Human Rights Watcher, stand dann in den Pausen etwas verdattert auf den Stufen vor dem Gerichtsgebäude: Zu Beginn des Prozesses im Februar war er an genau dieser Stelle noch jeweils umringt gewesen von vor allem jungen Journalisten, die ihm ihre Aufnahmegeräte hinhielten, oder auch heftig mitschrieben, was er zu verlautbaren hatte – inzwischen aber wollte niemand mehr seine

Stellungnahmen? (auch weil viel weniger Sonderkorrespondenten da waren?) – und so sprach er so unhörbar wie unentwegt dort im Freien in sein Mobiltelefon, seine zwei dicken, aufgeschlagenen, mit mächtigen Schriftschlingen voll Ruf- und Fragezeichen gefüllten Merkhefte unter Arm – bis in einer Nachmittagspause doch endlich wieder jemand ihm das Mikro hinhielt und der Sprecher der Menschenrechtsbeobachter sich für seinen Kommentar in Positur begab.

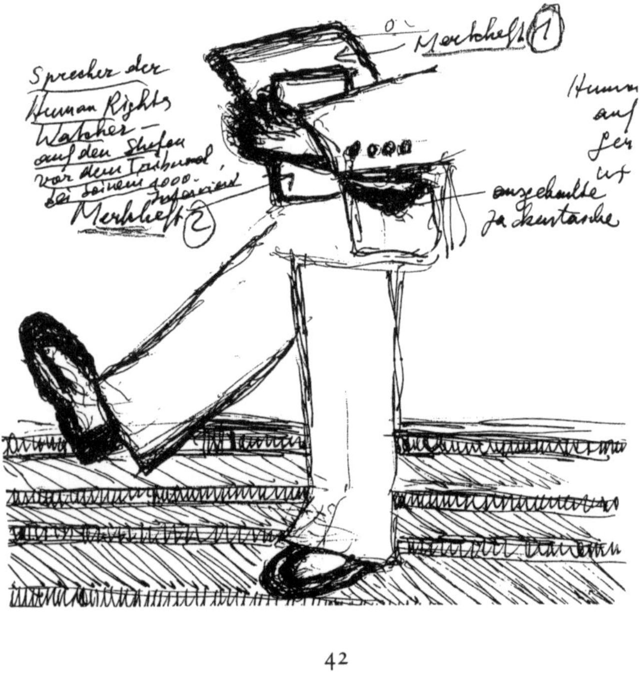

Zwei Aussagen von Zeugen der Anklage, mehr oder weniger typische?, aus diesen Junitagen seien hier, anders skizzenhaft, wiedergegeben. (Oder war auch die jenes dritten typisch, der, obwohl unkenntlich gemacht, die Aussage verweigerte mit den Worten, er habe schon genug gelitten und wolle vor Gericht seinen Speichel nicht verschwenden?) Der erste der beiden Zeugen war ein junger Amerikaner aus New York, gleichfalls Mitglied der Human Rights Watchers, welcher gerade am Schreiben eines Buchs über Albanien nach dem Kommunismus war. Schon im Jahr vor dem Krieg gegen Jugoslawien hatte er im »Herald Tribune« einen Artikel publiziert, worin er das Tribunal aufforderte, Milošević anzuklagen. Damit habe er freilich nicht Politik machen wollen: der Appell sei vielmehr »Schluß unserer Feldforschung« gewesen (er gebrauchte in der Regel »wir« statt »ich«): »Die Fakten führten uns zu dem Schluß ...« Er sei Wissenschaftler; in seinem Bericht gebe es fünfzig Fußnoten mit Interviews draußen im Feld; und wenn auch keiner der Interviewten das Töten direkt sah (»nobody saw the killing directly«), waren wir doch imstande, »die Vorfälle zu rekonstruieren«. Auch »unsere« Presseaussendungen basierten auf Feldforschung. – Von wem – da die Human Rights Watchers staatliche Gelder strikt ablehnen – werde seine Organisation finanziert? – »Von vermögenden oder engagierten Individuen – but funding has no impact on our findings – It's only one letter, but this letter makes the difference!« Nie habe es mit den Geldgebern Gespräche darüber gegeben, »was wir konkret zu finden hätten«; höchstens bestünde da ein Ratgeberkomitee (»advisory committee«), mit der Funktion eben, zu beraten und unserer Arbeit Prioritäten zu setzen (»to help prioritize our work«). Ob seine Organisation auch zu den Kriegsverbrechensvorwürfen gegen die NATO geforscht habe? Ja, und der Report sei »kritisch« gewesen; die Bomben und sonstigen »resolute actions« hätten gewiß Schaden (»damage«) angerichtet, und die Splitterbomben, etwa auf das zivile Zentrum in Nis, verdienten »weitere Nachforschung«, aber »wir sammelten nicht genug Beweise, daß das Töten der Zivilbevölkerung, ob in Aleksinac oder sonst wo, mit Absicht geschah« – also kein Genozid; »während für das Töten an der albanischen Bevölkerung im Kosovo, klares Ergebnis unserer Feldforschung, die Evidenz der Koordinierung und auch der Eingliederung der Paramilitärs in das Oberkommando bestanden hat. Wir bemühen uns um Objektivität, und unser stärkstes Argument für diese ist unsere Arbeit. Wir haben ein hohes professionelles Niveau und haben immer mit serbischen Organisationen zusammengearbeitet, etwa mit dem Belgrader Center of Human Rights, das ebenfalls hochprofessionell war. Nie haben wir uns gegen das serbische Volk oder die serbische Nation gestellt. Und wir sind, wenn wir Vertreibung und Völkermord feststellen, keine Rechtsexperten, sondern Feldforscher, die ihre Schlüsse ziehen. Und wir vermeiden als solche in unseren Untersuchungen tunlichst politisch belastete Begriffe wie Regime und Terroristen – gebrauchen stattdessen etwa Guerilla oder Rebellen-Armee.« – Einer der Sätze dieses Zeugen ist mir Zuhörer, ohne daß ich ihn notiert hätte, im Gedächtnis geblieben – als er gerichtlich gefragt wurde, ob er die Drenica im Kosovo, wo er hauptsächlich im Feld gearbeitet hatte, beschreiben könne und er folgend anfing: »Die Drenica ist eine hügelige Gegend«, »Drenica is a hilly region.«

Etwas Vergleichbares ist mir auch bei dem Belastungszeugen am folgenden Tag haftengeblieben. Es wurde da geäußert von einem jungen Albaner, aus dem Dorf Račak, wo im Januar 1999 über dreißig Menschen erschossen aufgefunden wurden (was im Februar zu Rambouillet und im März zum Bombenkrieg führte). Er habe damals bei der örtlichen Mutter-Teresa-Organisation gearbeitet und sei zugleich als Moslem der Vertreter des Imam, des Geistlichen, gewesen. (Als ich eben im albanischen Wörterbuch nachschauen ging, wie sein ständig wiederholtes, energisch abwehrendes »Nein, nein, nein« – als er nach seiner Aussage vom Angeklagten kreuzverhört wurde – gelautet hatte: »Jo, jo, jo!«, blieb ich beim Such-Blättern bei »Nachtigall« stecken, die albanisch »bilbil« heißt, fast genauso wie auf arabisch.) Der Zeuge war spürbar empört darüber, daß die serbische Obrigkeit sein Dorf beschossen hatte, vielleicht mehr als über den Tod seines Onkels, der an seiner Seite an den Polizeikugeln verblutet sei: »So etwas darf doch nicht sein!« Und es war ihm klar, wer für das Ganze verantwortlich war, es persönlich angeordnet hatte: sein ehemaliger Präsident, Slobodan

Milošević, auf den er mit einem Kinnheben immer wieder hinwies: »Das weiß doch die ganze Welt, die Wahrheit ist die Wahrheit!« – während der Sechzigjährige seinen fünfundzwanzigjährigen Ex-Untertanen mit einem Lächeln betrachtete, als wollte er ihm bedeuten: »So spielen wir denn das Spiel!« Jedes Bezweifeln seiner Version durch den Angeklagten lachte der Belastungszeuge, zu Boden schauend, sofort weg – lachte es in Grund und Boden, ein Weglachen ähnlich dem I. Rugovas ein paar Tage zuvor, als Milošević den albanischen Politiker beschwor, ihm in die Augen zu schauen und »die Wahrheit zu sagen«. Völlig unabgekartet wirkte es, als der junge Mensch sich erbot, dem Gericht zu einem jeden einzelnen der Toten von Račak nicht nur dessen Vor- und Zunamen und Daten, sondern auch die Geschichte zu erzählen; es drängte ihn, die Lebensläufe der Opfer öffentlich werden zu lassen – nur wurde ihm da gleich das Wort abgeschnitten, sogar von der Anklagebank, es sei »nicht nötig«, und zudem sei keine Zeit dafür. Immer wieder auch schweifte der Bursche in seiner Aussage, die doch als eine durchweg belastende gedacht war, unwillkürlich zu sogenannten Nebensachen ab. Als er zum Beispiel einmal ein Photo von einem Tatort identifizieren sollte, kam er auf eine darauf abgebildete Bewässerungsanlage zu sprechen: »Die gab es damals noch nicht, die ist neu!« Und aufgeregt wies er wieder und wieder auf den Wasserhahn hin und wollte gar nicht aufhören, zu erklären, wie und wann die Anlage bei dem Dorf installiert worden war – und wurde auch da gleich gehörig unterbrochen und zurück auf den Aussageweg gebracht.

Dieser Zeuge war mir schon vorher begegnet. Tage vorher, bei der Ankunft in Den Haag, hatte ich wieder auf gut Glück ein Zimmer genommen, diesmal in einem Hotel direkt am Meer, in einem Beach-Hotel. Es war schwül, und ich erwartete dort eine Brise. Das Hotel war nicht »das erste am Platz«, aber doch weiträumig und fast luxuriös, wohl zwei Kategorien über dem, wo ich vor über vier Jahren den Serbenzeugen, den šumar, gesehen hatte. Auf der Terrasse davor, unmittelbar am Meer und an den Dünen, saßen mehrere Männer im Gespräch, von denen sofort klar war, daß es sich um Kosovo-Albaner handelte, und daß sie an den folgenden Tagen als Tribunalzeugen auftreten würden. Hatte das Gericht sie denn untergebracht in dem Vier-Sterne-Kasten hier? Vor allem die drei, vier Älteren unter ihnen wirkten dörflich-bäuerlich, auch sie, wie einst der bosnische Forstmann, sichtlich in neuen Anzügen, nur hatten sie auf den Köpfen, statt des kleinen Huts, kleine Rundkappen, mit einer Quaste obenauf. Ich setzte mich an den Nebentisch. Endlich, anders als bei den Prozessen, war es einmal nicht ich, der beobachtet wurde, heimlich, von der Seite – endlich konnte ich der Beobachter sein, wenn auch auf andere Weise als die Journalisten oder Rights Watchers im Zuschauersaal. Nicht etwa, daß ich sie beobachten oder gar ausspähen wollte: und zugleich war mir doch, es werde, indem man ihnen zuschaute, von ihnen wegschaute, sie zusammen mit den üblichen Strandleuten sähe – es war Sonntag, Tausende sich bewegend vor der Nordsee –, etwas zu erkennen, oder zu erahnen?, sein. Was? Etwas. Nie hätte ich in der Stunde (wir saßen noch viel länger) vermutet, es sei der Junge da, im Jogging (aufmerksam einem kaum Älteren zuhörend wie einer Respektsperson), der dann als Zeuge aufträte. Vielmehr war ich mir gewiß, die Zeugen, das würden die Alten und Älteren sein. Und der Gruppenälteste, der, während die übrigen abwechselnd aufeinander einredeten und rauchten und rauchten (ohne je ein Getränk auf dem Tisch), ständig aufstand und sich unter die Sonntagsmenge am Strand mischte, war in meinen Augen der Hauptzeuge. Er hinkte stark. Er sprach die ganze Zeit kein Wort. Er lächelte nie, verzog keine Miene. Bei jedem Weggehen, oder bei jedem seiner Aufbrüche in die Strandflanierscharen zeigte sich seine Jacke hinten an der Hüfte gleich ausgebeult, nicht etwa wie von einer Waffe dort im Gürtel, sondern von jenem Behälter (ich glaube, er hieß »Kumpf«), worin früher einmal die Bauern bei ihrem Mähen mit der Sense den Wetzstein stecken hatten. Ich weiß nicht, warum ich mich an dem alten Mann, wie er so, das Bein nachziehend, die Hände auf dem Rücken, durch das Nordseeausflüglergeschiebe irrte, nicht sattsehen konnte: durch alle die Körper durch suchte ich nach einem Stück von ihm, jetzt nah bei den Wellen, vor denen er es nie länger als einen Augenblick (blickte er?) aushielt, jetzt zwischen den Dünen, wo er etwas weniger in die Irre gegangen erschien. Und zugleich wirkte dieser albanische Dorfmensch, verloren am Nordmeer, doch weit irdischer als alle die massenhaften, grellbunten, einheimischen Sonntagsjogger, -biker, -jumper, Rollerskater, Skateboarder, Dünenskifahrer, welche dahergeteufelt waren wie aus einem fremden Sonnensystem. Indessen kamen aus allen Richtungen mehr und mehr Kosovo-Albaner an den Tisch, und gehörten selbstverständlich irgendwie zusammen – nur daß man, wie üblich auf dem Balkan, wieder einmal nicht wußte, wie, und wer wer war, und woher er so unversehens auftauchte und warum er so selbstredend mit dabei war. Auch zwei junge Mädchen setzten sich zu der Sippe – wenn es eine war – denn keinerlei Sippenähnlichkeit war da zu erkennen – keiner aus dem allmählichen Dutzend ähnelte dem andern – jeder auch grundanders angezogen. Am Ende freilich erhoben sich alle gemeinsam und schlenderten – nicht »flanierten« – zu einem Auto, vor einem Ferienblock, auch der Alte. Dort verabschiedeten sich die zwei, die fast als einzige geredet hatten, ohne Unterlaß. Küsse auf die Wangen – jeweils nur ein Kuß (nicht dreimal, wie bei den Serben) – und die beiden Redner fuhren im Wagen (holländisches Kennzeichen) davon. Die andern verloren sich auf der Stelle unter den Myriaden der Einheimischen, jeder für sich.

Am Abend sah ich sie im Hotel wieder. Sie saßen in einem entlegenen Winkel der Brasserie dort, und es wurde einem jeden das gleiche Menü aufgetischt, Fleisch, Soße, Pommes frites. Und wieder waren einige »Neue« dabei; andere dafür fehlten. Diesmal bekamen sie auch Getränke: Coca, Bier. Sie aßen fast stumm, die Bissen groß in den Backen (auch das kam mir bekannt vor, nicht bloß von vorigen Balkanfahrten, sondern auch von »meinen« Dorfleuten seinerzeit). Durch die Dünenfenster das Flutrauschen, zusammen mit Karussellmusik – auch wenn kein Karussell sich mehr drehte an dem späten Sonntagabend. Kurz kam eine große blonde Frau dazu, die mit den Albanern serbisch redete, im Betreuer- oder Fremdenführertonfall – die Älteren schienen sie eher zu verstehen als die Jungen. Die Mädchen ließen ihren Nachtisch stehen und gingen weg. Dann verschwanden auch die übrigen, bis auf den bäurischen Alten, der auch während der Mahlzeit sein Rundkäppchen aufbehielt. Er saß allein und löffelte dann alle die restlichen Süßspeisen auf, und mir fiel ein, wie früher in Jugoslawien die Albaner berühmt gewesen waren für ihr Eis, und als Zuckerbäkker.

Was, abgesehen von all den Kleinigkeiten (?), an der Szenerie in die Augen stach: verglichen mit dieser fast luxuriösen Herberge war die Unterkunft des und der serbischen Zeugen, vor vier Jahren, eher eine Absteige. Undenkbar wohl die Bevorzugung der albanischen Zeugenschaften durch das große Tribunal: waren also die Finanzmittel des Gerichts im Lauf der Zeit derart angewachsen?

Es traf sich noch ein drittes Mal, daß ich mit den Albanern aus Račak zusammenkam. Das war ein paar Tage später nach der hier skizzierten Zeugenaussage des Jungen. Wieder saßen sie im Beach-Hotel am Essenstisch, diesmal am Nachmittag. Auf einmal trat da der Bursche auf, frisch von seinem Gerichtsauftritt zurück, in Begleitung wieder eines »Neuen«. Er hatte, wie eben noch vor dem Tribunal, seinen dunklen Anzug an, mit weißem Hemd und Krawatte, die Hose etwas kurz. Großes Hallo bei seinem Erscheinen; gewaltiges Ausholen zum Händeschlag allerseits; dann stundenlang befreites Lachen und aufgeregtes Reden, wie nach einer bestandenen Prüfung? Gewaltig leuchtende Augen des Zeugen. Und ein solches Zähneblekken hatte ich kaum zuvor gesehen, nicht einmal bei Fernandel. Der einzig Unbeteiligte blieb der alte Mann, den ich zuvor auf den ersten Blick für den Hauptzeugen gehalten hatte. Auf seinem leicht abgerückten Stuhl saß er leicht abgewandt, mit leicht gesenktem Kopf. Noch nie habe ich jemand derart Abwesenden gesehen. Bei den Worten jenes Aussageverweigernden – »mir ist der Speichel zu schade« –, uns Zuschauern nicht Sichtbaren, vom Vortag war mir sofort dieser Mann in den Sinn gekommen. Doch jener schwer Atmende und tief Seufzende und dann Lospolternde, es sei ihm zum Reden sein Speichel zu schade, hatte ja serbisch gesprochen, und das mit dem Speichel war doch vielleicht eine typisch serbische Redensart? Wie auch immer: das Wort jenes westlichen Geschäftsreisenden, er habe in der Gegenwart kein Volk mit einem solch starken »Ich!«-Gefühl getroffen wie die Kosovo-Albaner (nicht nur gegenüber den serbischen Überbleibseln, in dem Sinne: ich sind wir, sondern auch abgesetzt vom Muttervolk in Albanien), mochte zwar auf den jungen Zeugen, Hilfs-Imam und daneben Mutter-Teresa-Mann zutreffen, ganz und gar nicht aber auf diesen still versunkenen Älteren da.

An einem Abend im Juni 1992 war der bosnische Serbe Novislav Djajić Teil einer militärischen Eskorte, welche über ein Dutzend muslimischer Burschen von dem Dorf Trnovače über die Drina in die nahegelegene Bezirksstadt Foča bringen sollte. Der Befehl war von dem Kreiskommandanten der serbisch-jugoslawischen Armee gekommen: infolge eines mit dem Tod einiger Serben geendeten Hinterhalts in der Nähe des Dorfs sei ein Vergeltungsschlag von Paramilitärs zu erwarten, und die jungen Muslime seien in Foča (heute »Sribinje«) zu internieren. Es war früher Sommer, und der Abend war hell. Als die Gruppe von Eskortierten und Eskortierenden – alle aus demselben kleinen Ort und alle von kleinauf einander bekannt – auf die Drina-Brücke kam, hielt am Gegenufer ein Auto. Maskierte stiegen aus, mit Maschinenpistolen. Einer von ihnen fing dann ohne ein Zögern zu feuern an. Die auf der Stelle Toten wurden in die Drina geworfen. Ein einziger der Muslime überlebte, indem er, verletzt, in den Fluß sprang, untertauchte und sich flußab in die Enklave Goražde durchkämpfte. Die maskierten Killer hatten die Leichen gleich übers Geländer geworfen und waren wieder abgefahren. Novislav kehrte mit den übrigen aus der Eskorte ins Dorf Trnovače zurück und erzählte seiner Großmutter, bei der er allein lebte, das Geschehene. Auf ihren Rat hin floh er noch in derselben Nacht aus dem Krieg, zu seinen Eltern und Geschwistern nach Deutschland. Seine Anwesenheit sprach sich herum, und er wurde von dem überlebenden Nachbarburschen, der ebenfalls inzwischen in Deutschland war, angezeigt. Festgenommen zunächst als »Massenmörder« und als solcher bei der deutschen Presse auch gehörig im Umlauf, wurde er angeklagt, wobei die Anklage sich allmählich milderte zu simpler »Beihilfe zum Mord«. Das Gericht in München, sehr fern vom Tatort, erklärte sich zuständig und/oder wurde vom Bundesgerichtshof zuständig erklärt für das Delikt des jugoslawischen Staatsbürgers N. Dj., begangen (falls begangen) an nichtdeutschen Bürgern weitweg in einem nichtdeutschen Land: sozusagen eine rechtsrevolutionäre Entscheidung. Natürlich wäre ein Prozeß gegen die maskierten Mörder das Wünschenswerte gewesen. Aber da diese weder namhaft noch habhaft zu machen waren, blieb als der einzig Greifbare und der einzige mit Identität das aus der jugoslawischen Armee nach Deutschland desertierte unmaskierte Eskortenmitglied N. Dj.: das Verbrechen mußte irgendwie gesühnt werden, und der Angeklagte war auf jeden Fall dabeigewesen, und daß er gegen die MPi-Killer nicht eingriff, hieß doch wohl Beihilfe? (Urteil: siehe oben.) Im nachhinein las ich die Gerichtsprotokolle, und noch später erzählte mir Novislav Djajić selber von der Untat. Die Dorfburschen, Serben und Muslime, Eskorte und Eskortierte, gingen an jenem hellen Juniabend durcheinandergemischt in Richtung Foča. Sie unterhielten sich auf dem Weg. Mit dem Anblick der Maskierten am anderen Brückenende wurde sie alle stumm und vereinzelten sich. Der einzige, der dann sprach, war der maskierte Mörder, der seine Opfer, indem er mirnichtsdirnichts sie »niedermähte« und zugleich beschimpfte. Und er, der Jahre danach der Beihilfe für schuldig Erklärte, was tat er? Er stand, so erzählte er mir, mit den anderen der Eskorte mitten auf der Brücke und – blickte von dem Morden zuletzt weg. Er hob den Kopf und schaute auf zum Himmel, der, wie gesagt, noch hell war. In solch einen hellen Himmel hatte er noch nie gesehen. Und dabei überkam ihn – ein noch nie erlebtes »Glücksgefühl«. Und was sagte ihm dieses Glücksgefühl, immer wieder?: – »Ich bin unschuldig. – Ich bin unschuldig! – Ich bin unschuldig!«

Aber nein: Das Geschehen an jenem Juniabend 1992 hat in den *eigenen* Worten des Verbrechers Novislav Djajić wiedergegeben zu werden. Diese eigenen Worte gibt es. Sie sind aufgeschrieben von ihm selbst, in einem langen Text über den jugoslawischen Krieg und Novislavs Rolle darin. Der Text ist bisher nicht veröffentlicht, und ich zitiere hier aus ihm, in der Übersetzung aus dem Serbokroatischen, Serbischen? Kroatischen? Bosnischen? von Žarko Radaković:
»... Ich schaute nach dem Kommandanten, ob er zurückkäme, damit wir zusammen dem gewalttätigen

Getarnten Widerstand leisten könnten ... Mir wurde schlecht, als ich sah, daß der Kommandant nicht mehr da war und die anderen alle schwiegen. Als auch die Moslems (›muslimani‹) schwiegen, obwohl es um ihren Kopf ging, dachte ich: Gott sieht alles, und er soll auch mein Schweigen sehen. Ich erstarrte vor Ratlosigkeit. Der Getarnte forderte drei größere Moslems auf, nach vorn zu kommen. ›Du, und du, und du!‹ sagte er und verlangte, daß sie einen Schritt auseinander träten. Er schoß ganz aus der Nähe auf den ersten und den zweiten Mann. Nachdem er auf den dritten Mann geschossen hatte und sah, daß die ersten beiden noch nicht gefallen waren, schoß er noch einmal auf den ersten Mann und sagte: ›Warum fällst du nicht? Worauf wartest du?‹ Dann suchte ich nach meinem Kum [eigentlich »Pate«, hier: ein muslimischer guter Nachbar und Freund] ... Der Kum zog seine beiden Neffen hinter sich. In seinem Gesicht standen gleichzeitig Mut und Angst. Der jüngere Neffe, rechts von ihm, sprang über die Brüstung der Brücke und verschwand in der Tiefe ... Der Getarnte griff die beiden anderen an. Vor der Gewalt der Salven mußte ich den Blick abwenden ... [*Vorher:* sich einem solchen Menschen zu widersetzen bedeutete Selbstmord.] Als ich meine Augen schloß, sah ich nur noch die Luft, in die ich emporstieg. Ich spürte eine unbestimmte Energie, die in mich strömte. Zusammen mit den Atomen flog ich in einem göttlichen Strahl in den Himmel hinauf, der mich und die Seelen der Leidenden aufsog. Irgendwo hoch droben schluckte das höchste Gericht

hungrig seine Bissen. Der Himmel nahm die Form von Lippen an. Weiter kam ich nicht. In diesem Augenblick lächelte die Nacht. Sie lächelte und küßte mich. Den Kuß der Natur begleitete eine Detonation. Ich fühlte meine Füße auf dem Pflaster. Hinter den Augenlidern hallte der Donner nach ... Die Brücke roch nach Tod. [*Im Original:* Most je mirisao na smrt.] In meinen Nasenlöchern spürte ich den letzten Hauch der hingemordeten unschuldigen Menschen. Ich schlug mit dem Gewehr auf das Pflaster. ›Verflucht sei die Welt und was ich ertrage!‹ habe ich geflucht ...«
Geschah ihm also recht, für Jahre und Jahre von der Justiz verwahrt zu werden: denn wo in der Welt gab es Richter, Journalisten, Gerichtspsychologen, die ihm solch eine Geschichte abnähmen? die mit solch einer Geschichte etwas anfangen könnten? denen solch eine Geschichte einleuchtete? für die solch eine Geschichte Beweiskraft hätte? Gelten nicht heutzutage nur noch die Sprache der Journalisten und der anderen Voraus-Verurteiler, und auch fast sämtliche Schriftsteller ahmen beflissen deren allunseligmachende Schemata nach? Was war der Tatbestand? Was war die Schuld des Novislav Djacić? Wie auch immer: mein späterer Freund Novislav Djacić wurde Jahre danach von der Justiz im fernen Deutschland des Tatbestands »Beihilfe zum Mord« für schuldig erklärt und zu viereinhalb Jahren Zuchthaus verurteilt. – Im übrigen wird jene Greueltat auf der Drina-Brücke treu mitaufgezählt im Register der Kriegsverbrechen in Jugoslawien, autorisiert herausgegeben vom Tribunal in Den

Haag: während aber das deutsche Gericht immerhin eindeutig festgestellt hat, daß es sich bei den maskierten Killern um Freischärler oder Paramilitärs handelte, eingedrungen aus dem nahen Montenegro, steht in der Veröffentlichung des Internationalen Gerichtshofs schwarz auf weiß, und gegen die festgestellte Wahrheit, das Massaker habe begangen: die »serbische Armee«. Und dazu paßt vielleicht, oder auch nicht?, die benachbarte Liste jener vom Tribunal Angeklagten, denen kein Prozeß gemacht wird, weil sie tot sind: auch wenn sie sich im Scheveninger Gefängnis das Leben nahmen, oder, öfter noch, bei der Festnahme erschossen wurden, widmet die Liste einem jeden das gleiche, fast friedlich Althergebrachte: »Ist verschieden« (= verblichen).

Erinnerung an die Fahrt in einem anderen Frühsommer, 1996, durch das Kosovo oder den Kosmet, von Priština westwärts durch die hügelige Drenica zum Kloster Dečani, in seinem waldigen Bachtal eine der lieblichsten und spielerischen Klosteranlagen des Abend- wie des Morgenlandes. (Reisetip! – falls der Hohe Internationale dir die Passage freigibt zu den serbischen Mönchen dort.) Bei der Ausfahrt aus Priština das einzelne, sehr einzelne, Leintuch in einem Fenster mit einer Aufschrift – nein, nicht »Schluß mit dem Lasterlärm«, sondern, allein – serbisch zwischen 100 albanischen Fenstern: »Ni smo sami«, wir sind nicht allein. Wir? *Du.* Und wie du allein bist! Nach dem Besuch im Kloster von Dečani dann in den gleichnamigen Ort nebenbei, ein Riesendorf, zum Verschnaufen in das letzte Woche noch slawische Gasthaus dort, geführt von einem montenegrinischen Ehepaar, »wir gehen nicht weg« (hm). Nicht nur im Dorfe Dečani, sondern auch zuvor auf den Feldern, in den Wiesen, im Gras, auf der Landstraße, an den Bächen ein Gedränge von Menschenmassen, wie in noch keiner bisherigen Weltstadt, auch nicht zur Stoßzeit dort: die meisten stehend, untätig; nicht wenige – so die Erinnerung – im Grätschstand über den Wassergräben neben der Fahrbahn; wären die Tausenden und Abertausenden da auf dem freien Feld nicht so unbeweglich, könnte man an eine Mobilmachung oder Volkswanderung glauben. Fragmentarische Erzählung dann der Wirtsleute von dem nächtlichen Anschlag vor ein paar Wochen auf ihr »Bistro«, wobei einige Gäste (aber nicht die hinter der jäh aufgestoßenen Tür sitzenden Polizisten) von Vermummten erschossen wurden, dazu eine albanische Küchenhilfe; die MG-Kugelspuren tief im Kachelboden, etc. Erinnerung freilich stärker an das Vorausgegangene: wie vor dem Überfall plötzlich nicht bloß die Straßenbeleuchtung, sondern auch die Lichter in sämtlichen Nachbarhäusern dunkelgefallen seien. Und wie nach dem Geballer dann und nach dem Verschwinden des Kommandos die Lichter zurückgekommen seien, bei anhaltender straßen- und dorfweiter Stille. Erinnerung auch: wie ich als Zuhörer damals die letzten Nachbarn des Serbenpaars, die am folgenden Tag vor der Polizei (der serbischen) angaben, nichts und nichts von den

Schüssen gehört zu haben, automatisch verdächtigte (oder das jedenfalls sollte) – während ich jetzt mir vorstellen kann, daß sie in der Tat das Geballer überhört haben – nach meinen bald langjährigen Erfahrungen mit eigenen Nachbarn, die oft und oft, wenn ich sie auf ein Getöse, oder einen Tumult, oder ein Angstgellen in der Vornacht, irgendwo bei einem dritten oder vierten Nachbarn, anspreche, mich nur erstaunt anschauen: entweder ist das Gurgeln, Stöhnen, Jaulen, Katastrophengeratter tatsächlich an ihnen vorbei- oder aber zum einen Ohr hinein- und zum andern hinausgegangen; es hat ihnen schlicht und ehrlich nichts gesagt. (Und vor allem wegen solcher Zurechtrückung sei jene Vorkriegs-Nacht damals in Dečani hier wiedergegeben.) Und dazu eine letzte Erinnerung samt Korrektur: beim Vor-die-Tür-Treten mit dem Wirtspaar nach dessen Horrorbericht die dicht auf dicht völlig blicklos an der kleinen Bude Vorbeiströmenden, oder auch die vis-à-vis Verharrenden: wie ich seinerzeit, 1996, meinte, von ihnen allen vorsätzlich »zu Fleiß« übersehen zu werden, und wie ich inzwischen überlege, ob der Fremde, nicht zu ihnen nach Dečani Gehörende, vielleicht wirklich und leibhaftig Luft für jene, für diese, Masse war? – »Apartheid«? – Welches Volk schloß und schließt im Kosovo welches Volk aus? Ließ es nicht zu? Ließ es nicht an sich heran? Ließ es nicht sein? – Aber man sollte wohl das Wort »Apartheid«, so wie nicht wenige andere auf Jugoslawien übertragene (wie »Konzentrationslager« usw.), auf seinen Ursprungsort beschränken?

Es gab einmal in Frankreich eine Zeitung, die ihrem Namen, auf deutsch »Befreiung«, immer wieder Ehre machte. Doch spätestens mit der Zerstörung Jugoslawiens, an der das Journal, wie alle die sonstigen Medien, nicht schlecht mittat, wurde das anders. Was mich betrifft, kenne ich keinen Vorgang, der stärker befreit – der tiefer das Gefühl von Befreiung und Freiheit schafft als das Wegfallen oder Wegdenken eines Vorurteils. *Libération* dagegen entwickelte sich mit Jugoslawien zu einem Musterbetrieb des Vorurteile-Verkaufs. (Die Zeitung hier nur als kleines Beispiel für die übrigen.) Wieder aus der Erinnerung sei kurz angespielt auf einen Artikel zu der Zeit, als, 1995, eine Gruppe junger Muslime ein Attentat – mehrere Tote – auf die Pariser Metro verübte. Da zur selben Zeit, mit dem französischen Präsidenten als Wortführer, die NATO die Republika Srpska (Bosnien) bombardierte (die Bomben aus abgereichertem (»verarmtem«) Uranium), wurden Serben verdächtigt, zumal die in der Geschichte (Gavrilo Princip 1914 in Sarajewo, Miloš Obilić, der angebliche Sultantöter 1389 auf dem Amselfeld) als Attentäter einschlägig bekannt waren. So ernst nahm die mit dem Verdacht mitreitende oder ihm eher vorreitende Zeitung den Verdacht, daß sie dazu einen langen Artikel über die serbische Kommune in Paris publizierte und sie mit der entsprechenden kroatischen verglich. Und wie kaum anders zu erwarten (ah, aber noch immer erwarte ich es »anders«): bei den Kroaten, in deren Gaststätten und Kirchen, fielen dem Reporter die Sauberkeit, Gepflegtheit,

Ausgeleuchtetheit und insbesondere der »relative« Wohlstand auf – während in den paar serbischen Bars usw. – na, was schon? Düsternis, Heruntergekommenheit, Autismus, Schmutz, schlechter Geruch (sliwowitzgeschwängerte Luft, billige Zigaretten) und vor allem das Proletentum herrschten. Und am gleißnerischesten oder flittrigsten zum Tanzen gebracht wurden von »Befreiung« die Vorurteile dann 1999 mit dem »Konflikt im Kosovo«, bei dem man nun eindeutig, gleich den Kollegen, confrères, Mitbrüdern, allüberall, Vorreiter spielte. Während der achtundsiebzig Tage Bombenkriegs gegen Jugoslawien kein Tag, an dem nicht mit Worten mit- und vorgeschrieben wurde. Besonders glitzerig in der Erinnerung jener Bericht über einen »jungen albanischen Poeten« in der französischen Provinz: Er hatte die Kindheit in einem Dorf des Kosovo verbracht, und sein Spielkamerad da war ein serbischer Junge gewesen – der freilich schon damals lieber Krieg gespielt hatte, indes es ihn, den kleinen Albaner, zum Singen und Lesen hinzog. Und später war er Dichter geworden, der serbische Bursche aber – Polizist, brutal, fast analphabetisch, waffennärrisch, und so (das suggerierte der Artikel) ist die Entwicklung im Kosovo allgemein gewesen; die Wege der zwei so grundverschiedenen Völker hatten sich, und sei es auch mit Unterstützung aus dem Himmel, trennen müssen. Ist der »Welt« dazu bewußt, wie viele Polizisten, serbische wie auch albanische, vor dem Krieg im Kosovo getötet wurden? Und wie pflegten sonst die Staaten und die Öffentlichkeiten der »Welt« schon auf den Mord an einem einzigen der landesangehörigen Polizisten zu reagieren? Was erwartet etwa einen Polizistenmörder in den USA? Auch bei mir haben sich im Lauf des Lebens die Vorurteile angelagert, und nicht bloß gegen die Polizei, die Staaten etc. Was aber, wenn in einem solchen Staat Jugoslawien Dutzende um Dutzende von Polizisten, junge und alte, binnen kurzem hinterrücks erschossen werden – weitaus mehr Opfer als wohl im selben Zeitraum in sämtlichen europäischen Staaten zusammen? Schwindende Vorurteile, auch durch den Augenschein. Wachsende Vorurteile dagegen, zu meinem Leidwesen, gegen die Dichter, oder jene, die sich als Dichter gegen die Nichtdichter ausspielen lassen, zum Verächtlich- und Schlechtmachen des/der »anderen«. So sei, jedenfalls laut der französischen Weltblätter, auch der Präsident der Kosovo-Albaner, Ibrahim Rugova, der Gandhi des Balkan, ein »Dichter« und ein »Schüler von Roland Barthes«, und spreche ein »makelloses Französisch«: Doch bis heute habe ich kein Gedicht Rugovas lesen können. Wo bleibt der Augenschein? Und wer oder was nimmt mir demnach mein Vorurteil? Denn ohne den Augenschein keine Befreiung.

Lesen? Lesen: zum Beispiel den Bericht »Kroaten, Serben, Bosnier« von Christian Schneider (im GNN-Verlag), mit richtigem Namen Křesćan Krawc, ein Sorbe (nicht Serbe) aus der Lausitz unweit von Bautzen, Angehöriger des einzigen slawischen Volks in Deutschland: Lesen darin vordringlich den Monolog eines Mannes, eines Lesers, im belagerten Sarajewo 1992-1995. »Schon sechzig Jahre lang lese ich Bücher. Darüber führe ich Buch ... mit laufender Nummer ... Als hier wieder der Beschuß losging, das war im Winter, minus zehn Grad, setzte ich mir die Schubara auf, die hohe Fellmütze, und zog schafwollene Socken an. Nichts im Magen, begann ich zu lesen ... Wenn es sehr schlimm wurde und die Wände schwankten, schaute ich auf den Vogelbauer. Wenn sich der Kanarienvogel schüttelte – es war immer viel Staub –, dann wußte ich: Er lebt noch, und dann leben wir auch noch.« Und dann: »Mein Lesen hat meiner Frau Ruhe gegeben. Manchmal ertrug sie das Krachen nicht. Dann sagte sie: Fange an zu lesen!« Was Lesen sein und tun kann – und die Nationalität des »Lesers von Sarajewo« sei hier verschwiegen. Lesen: das Buch »Tito ist tot« von Marica Bodrožić (Suhrkamp), etwa zur Ergänzung und Erweiterung der das Tribunal nicht interessierenden Brunnenerzählung des albanischen Zeugen, und als Erzählfilm zur »hügeligen Gegend« des feldforschenden Menschenrechtsbeobachters: ein Frühjahrsbuch über den vergangenen Frühling weit hinaus. Zu lesen: das »Memorandum der Serbischen Akademie der Wissenschaften« von 1987, worin das Großserbien propagiert sei (es daraufhin überprüfen, aber es auch überhaupt einmal von Anfang bis Ende lesen). Zu lesen: »Die Islamische Deklaration« des bosnischen Staatspräsidenten Alija Izetbegović, wegen der Klarheit der Sprache, und wegen der genauso klaren Absage einerseits an einen privatisierenden, individuellen, mystischen, poetischen, sufitischen Islam und andrerseits an die materialistischen gottlosen westlichen »Demokratien«: dagegen – der Gottesstaat. Zu lesen: das 1000-Seiten-Werk der Rebecca West zu Geschichte, Geographie und Menschen Jugoslawiens, Ergebnis zweier liebevoller Reisen dort kurz vor dem Zweiten Weltkrieg, »Black Lamb And Grey Falcon«, das im Herbst endlich (wieder?) auf deutsch erschienen ist (im Tiamat-Verlag). Zu lesen: »Usurpatoren des Himmels«, Узурпатори неба, des großen (zum Glück nicht »führenden«) serbischen Dichters Miodrag Pavlović (Friedenauer Presse, übertragen von Peter Urban): eine (fast zu kurze) Sammlung von Erinnerungsminiaturen jener zwei den NATO-Bomben 1999 vorangegangenen Bombardierungen Belgrads, 1941 durch die Deutschen, 1944 durch die Briten und Amerikaner (gegen die Serben, warum?), da doch die deutschen Töteriche fast alle endlich auf und davon waren?, nachzitternde Erinnerungen, zugleich eine Zittrigkeit, die feuerfest ist. Zu lesen, zu lesen ... Und sich einlassen auch auf manche langen und noch längeren Sätze – Vertrauen zu ihnen haben, gerade zu ihnen. Denn mehr und mehr frage ich mich: Ob nicht der Zwang zu kurzen und noch kürzeren Sätzen, allgemein geworden, es ist, welcher den Augen- oder Wahrschein nicht bloß behindert, ihn vielmehr kurz und klein schlägt – dessen, der die Sätze liest (liest?) ebenso wie dessen, der sie schreibt? (Schreibt?)

Sinnlose und unfruchtbare Frage? Denn gegen die herrschenden Meinungen, die erst gar nicht als Meinungen aufzutreten brauchen, vielmehr, lückenlos herrschend über die gesamte Öffentlichkeit (oder was man eben so nennt), Gewißheit und Evidenz automatisch ausstrahlen oder zumindest beanspruchen und behaupten – die herrschende Meinung sich aufdrängend als Faktum mit dem Leitspruch: »Es gibt doch die Fakten!« –, ist alles andere, und wenn auch nur leicht Gegenläufige, auch das vielleicht rein aus dem Augenschein Kommende oder Entspringende, gezwungen, entweder als eine bloße Meinung glossiert zu werden, und das noch im günstigsten Fall, als eine unmaßgebliche »Minderheitsmeinung« (siehe »Demokratie«), oder es wird von der herrschenden Gewißheit abgeschmettert und indiziert als »Revisionismus«: siehe den eine gewisse Unsterblichkeit verdienenden Spruch eines Führenden deutschen Politikers zu den paar Kritikern, welche einen sogenannten »Hufeisenplan« der serbischen Armee im Kosovo in Frage stellten, es gebe eben immer welche, »die versuchen, die Geschichte zu revidieren« (Hufeisenplan + Auschwitz).

Nichts Lächerlicheres und vor allem Kläglicheres aber auch als die mannigfaltigen Verschwörungstheorien, welche von diesen und jenen aus den verschwindenden oder schon fast verschwundenen Minderheiten gegen die herrschenden Sicherheiten ins Feld geführt werden. Die Juden; die islamische Gefahr; der Balkan in westliche Hand für den Zugang und Zugriff auf die östlichen und südöstlichen Erdölfelder etc.: Denn die mächtigen und reichen Länder haben gleichwelche Verschwörung oder Munkelei gar nicht nötig; sie sind von vornherein, durch den Stand der Dinge, schon verschworen, natur- und sachverschworen, ohne irgendwelche Packeleien in Hinterzimmerkonferenzen. Verschworenheit ohne Verschwörung: Strahlt das nicht von jedem lässigen Zusammenstehen der gerade Mächtigen – wenn sie es denn sind – in den freien Weltgegenden aus? Als Verschwörer dagegen wirken zunehmend gerade die Leutchen mit den Verschwörungstheorien: kleine, zersplitterte, traurige, hoffnungslose Verschwörer im Niemandsland, oder eben in der Diaspora, verschworen und sich täglich neu verschwörend – für nichts und wieder nichts; Verschwörer ohne Ziel, oder mit unerreichbarem Ziel (ein anderer Augenschein). Wieder so eine verkehrte Welt? Oder doch wieder die richtige – die maßgebliche?

Noch einige sich schließende Kreise. Der Kardinal Stepinac von Zagreb, im Zweiten Weltkrieg eine Galionsfigur des von den deutschen Besetzern eingeführten Ustascha-Regimes: vom jetzigen Papst seliggesprochen (ein kroatischer Papst hätte ihn vielleicht umweglos zum Heiligen erhoben). Der französische Bischof, Vorsitzender der Konferenz für Gerechtigkeit (oder so), der im März 1999 auf der ersten Seite von »Le Monde« den Krieg gegen seine »orthodoxen Brüder« in Jugoslawien guthieß mit dem ebenfalls eine gewisse Unsterblichkeit verdienenden Satz, es gebe eben Waldbrände, bei denen ein Wassereimer nichts mehr ausrichte – es müßten die Canadair (= Löschflugzeuge) eingesetzt werden: dieser Vorsitzende Bischof – er ist immer noch im Amt, in Amiens, zuständig zusätzlich für »Medien« – richtete fast zwei Jahre nach seinem Kriegswörtertanz im »Journal du Dimanche« seine Weihnachtsbotschaft – nein, nicht an die orthodoxen Brüder, sondern an die »Lieben Atheisten« und drückte ihnen seine Bewunderung für ihre »Courage« aus (Was macht im übrigen sein deutscher Kriegsfreundsamtsbruder?) Und ein dritter sich schließender Kreis: der bosniakische Filmer, der während des Kriegs dort Filme für die Armee des Alija Izetbegović gedreht hat, bekommt für seinen Spielfilm »No Man's Land«, bild- und wortgenau nach den Regeln (?) eines primitiven Propagandafilms verfertigt, im März (März, März) des Jahres 2002 in Hollywood den »Oscar für den besten ausländischen Film«. Vierter sich schließender Kreis?: die im spanischen Namen des 78 Tage lang mit einem charmanten Grinsen die Splitterbomben auf Jugoslawien im Namen der Gerechtigkeit und Glaubwürdigkeit (»aber nichts gegen das serbische Volk ...«) propagierenden Brüsseler NATO-Sekretärs enthaltene »Sonne«: sein ganzer Name etwa zu übersetzen als »Sonnenplatz«, oder eben »Sonnenkreis« oder »Sonnenfleck«. Und als noch so ein sich schließender Kreis?: als eine Art Antwort auf alle die im Krieg gegen Jugoslawien zerschmetterten verehrungswürdigen (ja doch) Brückenwerke, die von Novi Sad, die von Kruševac, die aus dem Ibar-Tal usw. der italienische

Name der Oberanklägerin beim Großen Tribunal und Friedenspreisträgerin von Westfalen, zu deutsch: »Von der Brücke« ... »Glaubwürdigkeit« und »Gerechtigkeit«, was für schöne Worte? Was für unverschämte, unverwendbar gewordene, zu verbietende Worte?

Keine Frage: Die Untaten auf dem Balkan, begangen so oder so, im Inland und an den Schreibtischen (Schreib-?) im Ausland, haben gesühnt zu werden, ob »wir das den Opfern schuldig sind« oder auch nicht. Aber wie? Aber wo? Und von wem? Gesühnt oder jedenfalls be- oder verurteilt, und warum nicht in Den Haag, nah den Dünen, der Pompstation und der Nordsee, und warum nicht von dem nicht mehr jungen Vorsitzenden Engländer dort, der fast sein Leben lang, bevor es ihn mit den jugoslawischen Wirrsalen konfrontierte, so etwas wie ein Bezirksrichter, Circuit Judge, ich glaube, im Midland war, und warum nicht von seinen beiden Beisitzern, dem weißhaarigen Schwarzen von der Blue-Mountain-Insel Jamaica in der Karibik und dem eher noch jungen Zivilrechtsexperten (Spezialität »Pfändungswesen«) aus Südkorea? Und warum auch nicht einverstanden sein mit dem Dabeisein des stetig allen nur erdenklichen TV-Serien in Miene, Stimme, Gestik gerechtwerdenden in der Welt Namen auftretenden Londoner Anklägers – sich in einem fort die Frisur tätschelnd beim Zeugenbefragen –, welcher schon dadurch als Kenner der Balkanverhältnisse legitimiert sein muß, daß er als Junger Fremdenführer war, zwischendurch auch im damals noch von der Welt wenigstens ab und zu stippvisitierten Belgrad? In meiner Phantasie gesellen sich zu den dreien, und zu dem vierten, freilich noch weitere Beisitzer hinzu, Leute, die in Blut, Herzen und Magen haben, was der Balkan war und ist, und was gerade die »kleinen Fische«, die allmächtigen Ortskapos (die kleinen Fische als die großen) dort verantworten: der šumar, der serbische Forstarbeiter aus dem Lager Čelebići, der albanische Bauer aus Račak; die montenegrinischen Wirtsleute aus Dečani im Kosovo ... Wo sind sie? Wo seid ihr? Ich mache mich erbötig, auch Laienrichter, wenigstens einen, zu bezahlen, so wie Liechtenstein, Slowenien, Saudi-Arabien, Deutschland die Profis bezahlen. – Camera obscura? Ist deren Zeit nicht längst vorbei? Mit euch: Camera clara? Oder jedenfalls weniger obskur? Sich öffnende Kreise?

Jemand, gefragt, ob ihm noch über etwas die Tränen kämen, gab zur Antwort: Ja, aber nur noch in den Filmen. Und er fügte hinzu: Es ist Zeit, endlich wieder außerhalb der Kinos zu weinen, in der Wirklichkeit. »Aber die Wirklichkeit, gibt's die denn noch?«

»Kommt doch auch einmal zu uns / unser Lied ist ein schöner Schrei«

Miodrag Pavlović